Über dieses Buch Gionos Buch über seine erste Italienreise, die er im Alter von 60 Jahren unternommen hat, ist ein erfreulich untypisches Reisebuch; es verblüfft den Leser gleich mit dem Eingangssatz: »Ich reise nicht gern«. Giono will auch nicht die üblichen touristischen Sehenswürdigkeiten besichtigen; sein Ziel ist vielmehr, in Italien glücklich zu sein, wozu er – wie er glaubwürdig versichert – ein ausgesprochenes Talent besitzt.

Glücklich ist er vor allem dann, wenn er auf eigene Faust Erkundungen machen kann, sich von Intuitionen leiten läßt, nicht gedrängt, gegängelt und gehetzt wird, und mit möglichst wenig Touristen in Berührung kommt. Mehr als die kunst- und kulturgeschichtlichen Attraktionen in den berühmten Städten – die er sich freilich auch anschaut –, interessieren ihn die Seitengassen, die Gespräche beim Friseur, Frauen auf dem Markt, ein besonders scheußliches Kriegerdenkmal, das Verhalten der Schuhputzer, die Tricks der Kellner; Kitschläden, Kneipen und Erlebnisse wie der Einkauf eines Regenschirms.

Giono sieht und beschreibt alles, was die anderen Reisenden auf ihrer Jagd nach touristischen Sensationen nicht sehen. Sein Buch verlockt zum Verweilen, zum Entspannen, zum Nachdenken, zur Muße: es ist auch ein Buch über die Bedingungen des Glücklichseins.

Der Autor Jean Giono wurde 1895 in Manosque geboren und starb 1970 in seinem Geburtsort in der Provençe. Er war ein entschiedener Gegner der modernen Zivilisation und Technisierung und pries in seinen Romanen die Einheit von Menschlichem und Kreatürlichem, das erdverbundene Leben der Hirten, Bauern und Handwerker seiner Heimat. Wegen seiner konsequent pazifistischen Haltung während der deutschen Besatzung wurde Giono der Kollaboration verdächtigt und hatte von 1944 bis 1947 Publikationsverbot, wurde jedoch später rehabilitiert und 1954 in die Académie Goncourt gewählt.

Im Fischer Taschenbuch Verlag erschienen außerdem: ›Das Lied der Welt‹ (Bd. 5315), ›Der Berg der Stummen‹ (Bd. 5393), ›Die Geburt der Odyssee‹ (Bd. 5376) und ›Vom wahren Reichtum‹ (Bd. 5974).

Jean Giono

In Italien um glücklich zu sein

Ein Reisebuch

Aus dem Französischen
von Peter Gan

Fischer Taschenbuch Verlag

7.– 10. Tausend: August 1987

Ungekürzte Ausgabe
Veröffentlicht im Fischer Taschenbuch Verlag GmbH,
Frankfurt am Main, Mai 1987

Lizenzausgabe mit freundlicher Genehmigung
des Paul List Verlags GmbH u. Co. KG, München
Die französische Originalausgabe erschien 1953
unter dem Titel ›Voyage en Italie‹ bei Gallimard, Paris;
die deutsche Erstausgabe
1955 bei Biederstein, München.

Umschlaggestaltung: Jan Buchholz / Reni Hinsch
Druck und Bindung: Clausen & Bosse, Leck
Printed in Germany
980-ISBN-3-596-25493-0

INHALT

Ich reise nicht gern; das steht fest. Seit mehr als fünfzig Jahren habe ich mich kaum von der Stelle bewegt. Schon früh mußte ich mir mein Leben selber verdienen. Mit fünfzehn Jahren wurde ich für zwanzig Franken im Monat Angestellter einer Bank. Täglich hatte ich das immer neue Schauspiel der niedrigsten menschlichen Leidenschaften vor Augen. Das öffnete mir ein Tor zur Wahrheit; die anderen blieben mir verschlossen. Trotz meiner ausgeprägten Anlage zum Träumen, die ich vom Vater habe, empfand ich diese Aufforderung zum Nachdenken nicht als kränkend oder als ungerecht. Ich richtete mein Leben entsprechend ein und fand Gefallen daran, den Dingen auf den Grund zu gehen.

Ich war nicht eitel, und bin es auch heute nicht. Demütig benutze ich jeden Anlaß zum geduldigen Nachdenken wie auch zum plötzlichen Erstaunen. Ich blieb nicht nur einige Tage oder Monate in der Bank, sondern zwanzig Jahre lang. Mein Leben, auch mein zukünftiges, hing ganz und gar von dem Inspektor ab, der von Zeit zu Zeit meine Arbeit überprüfte. Er war ein großer, bärtiger Mann, der Zigarren rauchte und sich nicht scheute, den blassen Blick meiner blauen Augen mit Geringschätzung zu erwidern. Wenn ich auch noch so gut arbeitete, was er übrigens nicht bestritt, ließ er mich doch stets im ungewissen. Daher meine ständige Angst und Vorsicht.

Ich denke trotzdem gern an diese Zeit zurück. Sie hat mir gut getan. Es schadet niemandem, wenn er sich von Jugend auf durchschlagen muß. Die bloße Tatsache: daß man lebt, und sei es auch noch so kümmerlich, genügt, um einem schüchternen Menschen (wie beispielsweise mir) ein Gefühl der Überlegenheit zu geben, das sich späterhin als ebenso nützlich wie angenehm erweist, sofern man es nur still für sich behält. Ich habe jenen Inspektor 1934 wiedergesehen (soviel ich weiß, ist er 1938 gestorben). Er bat mich, ihm eine Widmung in eines meiner Bücher zu schreiben, was ich in der herzlichsten Weise tat. Ich hatte immer noch Angst vor ihm. Aber ich begriff, daß sein schwieriges Leben ihm nicht erlaubte, besonders gut oder besonders schlecht zu sein; so geht es ja den meisten Menschen.

Es war also im Grunde die Angst, die mir die Reiselust genommen hat. Dank meiner empfänglichen Natur verstand ich es, unserem dunklen Büro, wo man schon mittags die Lampen anzünden mußte, allerhand kleine und sogar große Freuden abzugewinnen. Nichts war mir so lieb wie jene endlosen Regentage im Winter, wo ich friedlich und warm im Trockenen saß und Zeit hatte, meine Gedanken wandern zu lassen. Es war ein großes Glück, auf einem Stuhl zu sitzen, auf dem man zwanzig Franken verdiente. Wer hätte es nicht für die größte Dummheit gehalten, einen solchen Platz zu verlassen?

Ich war übertrieben gefühlvoll, das gebe ich zu. Aber welche schwere Verantwortung für einen sechzehnjährigen Jungen, der getreulich versuchte, seine Pflichten zu erfüllen. In jener Zeit entwickelte mein inzwischen hochbetagter Vater eine seltsame Vorliebe für Heimlichkeiten: meine Kindesliebe fühlte sich beunruhigt durch Zwiegespräche, die er mit einer unsichtbaren Person führte. Ich wollte ihm ein möglichst glückliches Alter bereiten und ihm wenigstens nicht auf der Tasche liegen. Dies alles aber hing von dem zigarrenrauchenden Vorgesetzten ab. Jeden Sonntagabend ging ich an der Bank vorbei, um mich davon zu überzeugen, daß sie während meiner kurzen Ausflüge in die hügelige Umgebung nicht verschwunden war. Solche Angewohnheiten verliert man nicht wieder, wenn man sie in früher Jugend angenommen hat. Was habe ich nicht alles an die Stelle dieses Zigarrenrauchers gesetzt, als ich, wie man so sagt, ›meine Freiheit gewann‹! Daher erklären sich auch jene Gefühle, die wie eine Anhänglichkeit an eine bestimmte Gegend oder wie eine Vorliebe für eine bestimmte Lebensform aussehen.

Seit drei oder vier Jahren bin ich nun aber der Meinung, daß eine Italienreise fällig ist; und doch schiebe ich sie immer wieder auf. Endlich habe ich mir jetzt meinen Paß ausstellen lassen, was ja zu nichts verpflichtet. Lange Zeit lag dieses Dokument auf meinem Schreibtisch; seit heute früh aber befindet es sich in meiner Tasche, weil wir jetzt gleich abfahren wollen. Unsere Freunde Antoine und Germaine nehmen uns im Auto mit.

Wie fremd ist mir mein Schreibtisch, der nun mit seinem verschlossenen Tintenfaß, den säuberlich ausgerichteten Federhaltern und den geordneten Papieren kein Arbeitstisch mehr ist.

Zum Glück muß ich gleich ein kleines Problem lösen. Unser aufklappbarer und bereits aufgeklappter kleiner Renault kann nur wenig Gepäck mitnehmen.

Meine Frau und ich haben beide nur einen kleinen Koffer, wollen aber, da wir über den Mont-Genèvre fahren, nicht auf unsere Mäntel verzichten. Außerdem ist Herbst, das Licht ist golden, es könnte Regen geben; darum versuchen wir, noch allerlei nützliche Dinge im Wagen unterzubringen. Ferner habe ich mein Notizbuch, ein paar Landkarten, einen Reiseführer und ein Buch in einen Beutel gestopft; denn ich möchte alle diese *impedimenta* zur Hand haben. Zum Schluß schiebe ich den Beutel unter meine Füße (wir sitzen auf den hinteren Plätzen), und es gelingt mir, die Regenmäntel und die Capes unter dem zurückgeschlagenen Verdeck zu verstauen. Wir brechen sehr plötzlich auf, nachdem wir Sylvia nur flüchtig geküßt und Fine schnell auf Wiedersehen gesagt haben. Ich habe den Eindruck, daß meine Frau keine ausreichenden Anweisungen für Fine hinterlassen hat, wie sie das Haus während unserer Abwesenheit führen soll. Kurz und gut, unser Aufbruch ist so unfeierlich, als führen wir zu einem Picknick in die Umgebung oder nach dem nur elf Kilometer entfernten Gréoulx zu Antoine, den ich manchmal für ein paar Tage besuche. Es fällt mir schwer zu glauben, daß ich wirklich nach Italien reise. (Ebensogut könnte man mir erzählen, wir führen bis ans Ende der Welt.)

Die Landschaft von Manosque ist mir natürlich eng vertraut.* Und die Reise hat noch gar nicht begonnen, solange wir auf diesen Straßen fahren, auf denen ich fast alle Tage zu meinem Pachthof radle. Hier beginnt

* *Der Autor hat fast ununterbrochen in Manosque, seinem Geburtsort, gelebt.* *Anm. d. Verl.*

die Fremde weder nach zwanzig oder dreißig, ja nicht einmal nach vierzig Kilometern. Im Grunde habe ich mich nicht von der Stelle gerührt, wenn ich durch Lurs, Peyrus oder Saint-Auban fahre. Wir kommen den Alpen immer näher, und diese Richtung beruhigt mein Gemüt. In den Bergen bin ich zu Hause. Ich mag das Meer nicht; es ist mir zuwider. In Manosque mache ich immer Spaziergänge nach Osten, um zu erleben, wie die Hügel plötzlich den Blick freigeben und im Tal der Durance die große blaue Opalschale auftaucht, in der sich die Alpen wie riesige Zuckerwürfel aufeinandertürmen.

Der Anblick der Gletscher und Gemsenweiden läßt mein Herz höher schlagen. Ich blicke aber nie nach Südwesten, wo Marseille liegt und das Meer: dieses gräßliche Glaspapier, das die Felsen ebenso abstumpft wie den Körper und die Seele. Die hohe See hat vielleicht die gleichen Vorzüge wie das Gebirge; um aber dorthin zu gelangen, hätte ich viel größere Mittel nötig als für eine Reise ins Hochgebirge. (Ich muß immer wieder daran denken, wie sehr ich mich stets nach der Decke habe strecken müssen.) Als meine Tochter Aline noch klein war, pflegten wir die heiße Zeit des Sommers in den Bergen von Saint-Julien-en-Beauchêne zu verbringen; später fuhren wir, solange meine Tochter Sylvia noch klein war, von Juli bis Oktober nach Briançon. Es war für mich stets ein erhebendes Gefühl, wenn ich die Berge nach und nach vor mir auftauchen sah.

Übrigens habe ich auch ein wenig aus diesem Grunde den Weg über den Mont-Genèvre gewählt. Am Meer entlang nach Italien zu fahren, hätte geheißen, lebendig geschunden dort anzukommen. Man hätte zunächst die ganze, so vulgäre Côte d'Azur und dann, um den Golf von Genua herum, die westliche und östliche Riviera entlangfahren müssen. Das hätte unerträglich viel Glaspapier und endlose Kilometer von halbnackten Frauen, die sich in der Sonne trocknen, bedeutet. Ich habe ja diese Reise nicht unternommen, um Trayas oder Cannes zu sehen. Es verlangte mich zunächst einmal nach der weiten und öden Landschaft des Vorgebirges. Dann wollte ich, höher und höher steigend, die silberne, klare Bergluft einatmen und den Blick über braune Weiten schweifen lassen. Von jeher war mir Menschengewimmel zuwider. Ich liebe die Wüste, die Gefängnisse, die Klöster; auch habe ich festgestellt, daß es in dreitausend Meter Höhe weniger Dummköpfe gibt als im Flachland. (Offenbar lauter Überlegungen eines schüchternen und wenig galanten Mannes von siebenundfünfzig Jahren, mag er diesen dreifach nachteiligen Zustand auch aufrichtig bedauern.) Nichts gibt mir im voraus ein solches Glücksgefühl wie die großen Straßen, die in die Alpen hineinführen. Meine Augen leuchten dann vor innerer Erwartung wie die abendlich erhellten Fenster einer friedlichen Hütte.

Zu meiner Freude bezieht sich der bei unserer Abreise strahlend helle Himmel so sehr, daß er zwischen zwei Gipfeln drohend schwarz geworden ist. Ich stelle mir den Mont-Genèvre bereits in Nebeln vor und bin froh, daß unser Auto sich so schnell dieser Gegend nähert. Das Laub der Pappeln und der Espen ist stellenweise schon ganz golden. Diese schwermütigen Bäume, deren Alabasterstämme sich so scharf gegen den schwarzen Himmel abheben, geben uns bei der Einfahrt nach Embrun ein königliches Geleit. Trotz des drohenden Wetters lassen wir das Auto offen, um zu erleben, wie sich das Hochland von Briançon vor uns entfaltet.

1934 und 1935 waren Elise und ich in dieser Gegend vollkommen glücklich. Wir hatten in dem Dörfchen Les Queyrelles bei einer gewissen Madame Dumont vier geräumige Zimmer in einem großen klosterähnlichen Gebäude gemietet. Uns gegenüber lag etwas tiefer die Stadt Briançon, die sich mit ihren Befestigungswällen und Stadttoren wie ein alter Stich vor unseren Augen ausbreitete. Wenn ich in dem rings von Mauern eingefaßten Garten saß, der dem Haus den mir so sympathischen Charakter einer einsamen Kartause gibt, sah ich die schwerbepackten Maulesel, von schwarzen Bauern und blauen Soldaten begleitet, über die Zugbrücke kommen. Die Bergbuchen steigen bis ins Dorf hinunter und stehen dichtgedrängt um den öffentlichen Brunnen, wo wir das Wasser für unsere Suppe holten. Unmittelbar unter uns hörten wir die Clarée, die hier in die Durance mündet, leise grollend vorüberrauschen. Die Nächte wurden eingewiegt von dem unermüdlichen Geplätscher, das die hier noch sanften und freundlichen Hügel belebt. Kurz vor Tagesanbruch begann der vom Lautaret kommende Wind die Pappeln so heftig zu bewegen, daß sie mit ihrem Rauschen das Wasser übertönten. Wir begannen unsere Morgen jedesmal damit, daß wir eines der Brandenburgischen Konzerte von Bach auf dem Grammophon spielten. Gute Freunde kamen regelmäßig zu den Mahlzeiten. Lucien Jacques wohnte bei uns.

Wir pflegten gemeinsam auf den Wiesen jene kleinen rosa Champignons zu suchen, die in sogenannten ›Hexenringen‹ wachsen. Ihrem Genuß verdankten wir, sogar im Wachen, die seltsamsten Halluzinationen. Meinen Arbeitsraum hatte ich in einem großen dunklen Speicher, wo gewaltige Möbel herumstanden, von denen mir nur ein riesiges Kirchenpult in Erinnerung geblieben ist. Unsere zarte und ernste Aline gewann durch ihr hübsches italienisches Kindergesicht die Freundschaft der Gartenvögel und sogar der Ameisen und der stahlblauen Mistkäfer. Sylvia trank fleißig ihre Milch und wurde täglich hübscher und rundlicher in ihrer Wiege. Elise brach sich eines Morgens in den Weinbergen von Cavalles einen Knöchel.

Wir erkennen im Vorbeifahren unser altes Stadtviertel. Einige Dächer stecken die Nase durch das Blattwerk, um uns zu begrüßen; und wir recken den Hals nach ihnen, bis sie verschwinden.

Als wir die Höhe von Briançon erreichen und auf den Truppenübungsplatz hinausfahren, kommt uns ein eisiger Wind entgegen. Die steilen Paßhänge vor uns sind mit Wolken bedeckt, und es beginnt leise knisternd gegen unsere Schutzscheibe zu hageln.

Auf diesem Übungsplatz lernte ich im Februar 1915 das Soldatenleben kennen. Ich wurde zum 159. Gebirgsinfanterieregiment eingezogen, das in Briançon lag, und zog, ehe ich an die Front kam, einen Monat lang im Fort von Infernet auf Wache. Bei klarem Wetter sah ich im Osten einen gelben Nebel: die

Landschaft von Piemont. Ein alter Unteroffizier der Festungsartillerie bewies uns sogar, daß eine gewisse Dunstwolke Turin sei.

Mein Vater hatte mir oft von Turin erzählt; seine Familie war aus Montezemolo in Piemont gebürtig. Diese Namen haben auch noch heute, im Jahre 1951, einen besonderen Klang für mich und bedeuten mir keineswegs dasselbe, was sie allen andern bedeuten. Sie haben den Geruch der ›Grand Rue‹ und insbesondere den Geruch jenes geräumigen und äußerlich so traurig wirkenden Hauses, das wir in jener engen Straße bewohnten. Natürlich war es eine Geschäftsstraße; aber dicht neben ihr gab es lauter kleine Gassen mit Schafställen und Pferdeställen – letztere für die ›Pferdebahnen‹. Ich hatte damals eine besondere Vorliebe für den feuchten Geruch der Wäsche, die meine Mutter bügelte – ganz zu schweigen von dem alles beherrschenden Duft des Leders.

Der Unteroffizier des ›Fort Infernet‹ (ich glaube, er hieß Bec) ahnte nicht, welche Schwermut die Namen Piemont und Turin in mir erweckten. Ich war noch viel ›naiver‹ als die übrigen Rekruten, ausgenommen vielleicht vier oder fünf Bauern, die sich auch hier nur für Landwirtschaft interessierten. Vom ersten Tage an liefen sie auf jeden Markt in der Umgebung und studierten die Schaf- und Schweinepreise. Das alles war im Jahre 1915. Einer von ihnen, der Saille hieß und später bei Verdun dicht neben mir verwundet wurde, ging eines Tages zu Fuß bis nach Embrun, wo es, wie man ihm gesagt hatte, einen bedeutenden Viehmarkt gab, auf dem vor allem Ziegenböcke gehandelt wurden.

In der Kaserne des Schlosses von Briançon oder vielmehr auf einer gewissen Fensterbank der zweiten Etage, von der man auf die Brücke von Asfeld hinuntersieht, begriff ich den Vorzug, der darin liegt, nichts zu besitzen, nichts zu eigen zu haben und auch auf die wesentlichsten Güter zu verzichten wie beispielsweise auf die Freiheit und sogar auf die Freiheit: zu leben. Ich erinnere mich, in die steinerne Nische ein paar entsprechende Worte geritzt zu haben, weiß aber nicht mehr, welche; doch sehe ich mich noch emsig mit der Spitze meines Taschenmessers kratzen, hochbefriedigt von meiner verbotenen Tätigkeit. Damals, vor dieser herben Landschaft, habe ich angefangen, die Gleichgültigkeit gegen alles Überflüssige zu lernen.

Auf den Böschungen zu beiden Seiten des Weges, den wir jetzt zum Paß hinauffahren, suchen meine Augen jene blauen Enzianpolster, an denen ich 1915 solche Freude hatte. Aber es ist schon zu spät im Jahr, und die Hänge des Mont-Genèvre tragen bereits ihren Winterpelz, wie die Füchse. Es ist kalt, und der dichte Nebel netzt uns das Gesicht. Trotzdem lassen wir das Auto offen in der Vorfreude auf die rasche Serpentinenfahrt hinunter nach Italien.

Beim ersten Schlagbaum müssen wir haltmachen, um unsere ›weißen Pfoten‹ vorzuzeigen. Drinnen in dem kleinen Haus, wo der Beamte mit seinen Stempeln hantiert, knistert der Ofen. Ein wenig Wärme auf die vereisten Knie genügt, um mir diesen Hüter des Gesetzes sympathisch zu machen, obwohl mir solche Leute meist recht zuwider sind. Ich hätte nichts dagegen, wenn er ein längeres Verhör mit uns anstellte und zahllose Einzelheiten wissen wollte, um uns schließlich unter ärgerlichem Stirnrunzeln dazubehalten in seinem Dienstraum, wo es so herrlich warm ist. Seine nette Frau sitzt strickend neben dem Ofen am Fenster und sieht hinaus auf die trüben Berge. Wir gut sie's hat, die Frau eines Beamten zu sein und an einem so behaglichen Ort stricken zu können! So gut haben wir's nicht. Wir müssen nach Italien; und draußen prasselt der Hagel mit dem brodelnden Geräusch gärenden Weins auf das Dach des Zollhäuschens.

Das nächste Zollhäuschen, einen Kilometer weiter, liegt schon auf italienischem Boden.

Ich habe diese Reise natürlich nicht nur unternommen, um den Ort zu wechseln. Es gibt ein Glück, das weder von den Menschen noch von der Landschaft abhängt. Nach ihm habe ich immer getrachtet. Drei- oder vierhundert und selbst tausend Kilometer weiter östlich oder westlich ändern daran nichts. Folgendes aber ist geschehen. Seit mehr als zwanzig Jahren lese ich Machiavelli und lese ihn immer wieder. Man glaube nur nicht, ich wolle ein Tyrann oder ein Demokrat werden; ich bin ein harmloser Mann mit einem Stekkenpferd. Machiavelli gefiel mir, und so fuhr ich fort, ihn zu lesen. Dadurch bekam ich Geschmack an den *novellieri* Guicciardini und Vettori und späterhin an Pignotti, Sismondi, Potter, Tanburini u. a.; kurz, ich war schon oft in der Toskana, in der Romagna, in der Lombardei und in Venetien. Da ich aber nur im Geiste dort war, habe ich bisher all diese Länder auch nur mit Geistesaugen gesehen. Erst jetzt, auf dieser Reise, werde ich sie endlich auch mit Leibesaugen sehen.

Ich muß hier auch von meinem berühmten Großvater erzählen, der, genau fünfzig Jahre vorher, an dem gleichen Tag starb, an dem ich geboren wurde. Er kam im März 1795 zur Welt, während ich selber erst im März 1895 ihr Licht erblickte, so daß zwischen uns ein Altersunterschied von genau hundert Jahren besteht. Ich interessiere mich schon seit langem für ihn, und sogar leidenschaftlich. Mit sieben oder acht Jahren pflegte ich abends durch unser altes, dunkles Haus zu streifen, in dem es viele Verstecke und geheime Winkel gab, aus denen alle Augenblicke jene augenrollenden, zähneknirschenden und bärtigen Piemonteser auftauchen konnten, die seinerzeit die Gefährten dieses revolutionären Freibeuters waren. Ich hatte nur eine sogenannte ›Taubenlampe‹ in der Hand; und da ich wie Espenlaub zitterte, klirrte und klapperte die kleine Glaslinse in ihrer Metallfassung. Ich flüchtete mich zu meinem Vater in die Werkstatt. Hier gewann der alte Carbonaro Gestalt; denn mein Vater hatte um ihn herum einen endlosen ›Unterhaltungs‹-Roman verfaßt, dessen allabendliche Fortsetzung von romantischen Einzelheiten strotzte. Ich habe diesen skrupellosen Halunken immer geliebt, der nur eine einzige – und noch dazu eine ›achtundvierziger‹ – Tugend besaß: er glaubte nämlich, daß die Freiheit das Volk glücklich machen würde. Sicherlich habe ich meine naiven Grundsätze ihm zu verdanken. Auch er hat sich im Piemont, in der Lombardei, der Romagna, der Toskana und in Venetien herumgetrieben. Zweifellos werde ich ihm dort begegnen.

Ich hatte mir Turin ganz anders vorgestellt, als es in Wirklichkeit ist. Man hatte mir von langen geraden Straßen erzählt, die sich rechtwinklig schneiden, als wäre die Stadt ein einziges Feld aus lauter Quadraten. Ich hatte eine moderne Stadt erwartet. Statt dessen ist es eine alte, ehrwürdige Hauptstadt.

Obwohl es ein wenig regnete, sind Elise und ich gestern abend still und friedlich die Via Garibaldi entlang spazierengegangen. Niemand hält es hier für nötig, sich ein stolzes, gelangweiltes Aussehen zu geben. Selbst die hübschesten Frauen sind ganz und gar unaffektiert. Sie interessieren sich für alles, was um sie herum geschieht, und sind schon vergnügt, wenn sie nur auf der Straße sind. Trotzdem haben ihre Gesichter einen Zug von Schwermut, der sich wohl darauf zurückführen läßt, daß man sich hier noch den Luxus einer natürlichen Romantik leistet. Eine öffentliche Meinung gibt es anscheinend nicht, sondern nur persönliche Ansichten. Das bestätigen auch jene sonderbaren Soldaten, die ihren *battle dress* hier und da an der Mütze, am Ärmel oder an den Epauletten um eine kleine Paolo-Ucello-Note bereichern.

Turin hat ungefähr die gleiche Bevölkerungszahl wie Marseille, wirkt aber keineswegs vulgär. Es war früher einmal eine Hauptstadt, sogar mit einem König und einem Tyrannen, während Marseille immer nur die Tyrannei des Handels und des Bankkontos gekannt hat. Bei der geringsten Verletzung der herkömmlichen Regeln kam man hier, statt vor den Handelsrichter, sogleich vor das purpurgekleidete hohe Gericht, das ohne weiteres zum Tode verurteilte. Wer wider das Gesetz verstieß, war vogelfrei und verschwand sozusagen aus der Gesellschaft, während man ihn in Marseille lediglich für einen Bankrotteur, mit anderen Worten für einen Dummkopf halten würde. Wer hier kein Geld verdienen kann, wirkt lächerlich; und diese Lächerlichkeit tötet. Alles andere ist besser – sogar die nackte Gemeinheit. Das sieht man den Leuten an den Augen an.

Ich ging über die berühmten rechtwinkligen Straßenkreuzungen, blickte die dunklen Häuserreihen mit ihren spärlichen Lichtern hinunter und entdeckte verschiedene Kolonnaden. Die Querstraßen waren leer, so daß ich sie mühelos nach meiner Phantasie bevölkern und mir beispielsweise meinen Großvater vorstellen konnte, wie er dicht an ihren Häuserwänden entlangschlich.

Heute morgen wurde ich schon in aller Frühe geweckt durch die Spatzen, die sich in den Bäumen zankten. Ich begebe mich auf den Balkon. Mein Zimmer geht auf den Corso Francia hinaus. Trotz des immer noch bedeckten Himmels ist es sehr milde. Die aufgehende Sonne gibt den Wolken über den Dächern einen rötlichen Schimmer. Ich blicke auf die Haltestellen des Autobus hinunter, wo mehrere Leute warten. Es sind zweifellos Büroangestellte und Stenotypistinnen, die nach Rivoli in die Fabriken fahren. Sie machen nicht mehr Lärm als die Spatzen, aber auch nicht weniger. Es gibt um diese Stunde noch nicht jene komischen Motorräder, die wie Nachtstühle aussehen und auf denen knatternde Kavaliere oder seriöse Herren mit ledernen Aktentaschen sitzen. In Richtung auf die Piazza di Statuto hört man die Tritte eines Pferdes und das Rollen eisenbeschlagener Räder auf dem Pflaster. Ein Korbmacher – aber vielleicht ist es auch ein Lumpensammler oder ein Kaninchenfellhändler? – bläst auf einer kleinen Trompete und preist dann, im Rhythmus der Pferdeschritte psalmodierend, seine Ware an. Der Trolleybus, der endlich meine Stenotypistinnen davonträgt, schnurrt leise wie eine Katze.

Wir haben nun auch jenen Kaffee kennengelernt, von dem man so viel spricht. Er läuft in einem dünnen Strahl aus einer riesigen Maschine, die wie eine alte Lokomotive dampft und zischt. Ich befand mich gerade in der Bar des Hotels, als man diesen eindrucksvollen Apparat in Gang setzte, was nicht ohne ›Ingenieure‹ abgeht. Ein Hausdiener gab einem jungen Mädchen genaue Anweisungen. Sie bediente die Hebel und drehte die Räder; die Röhren zitterten; der Dampf pfiff aus allen Ventilen, als wollte die Maschine ein Ungeheuer zur Welt bringen. Die furchtlosen Gesichter der Maschinisten verrieten mir aber, daß sich nichts Außergewöhnliches ereignete. Immerhin nimmt die Prozedur dem Kaffee jeden Duft, was man morgens besonders schmerzlich empfindet. Ich rieche lieber den werdenden Kaffee, als daß ich den fertigen trinke. Immerhin habe ich, während ich zusah, mit großem Genuß meine erste Pfeife geraucht.

Wir beabsichtigen, über Mailand zu fahren, dort einen Freund zu besuchen und dann möglichst weit in Richtung auf Venedig vorzustoßen. Ich schlage Bergamo oder Brescia vor; aber Antoine klagt über Kopfschmerzen. Dadurch ändert sich alles. Ich möchte auf alle Fälle dem Gebirge näher kommen und stelle auf der Karte fest, daß die Straße hinter Mailand in der Tat dorthin führt.

Vor unserer Abreise machen wir noch eine Rundfahrt durch Turin. Meine Eindrücke von gestern abend bestätigen sich. Diese mit großen Steinplatten gepflasterten Straßen ohne Trottoir wirken wie eine Operndekoration. Hier herrschen nicht nur Handel und Industrie: die Leidenschaften haben der Architektur im Lauf der Jahrhunderte ihren Stempel aufgedrückt. Die Maurer haben es sich zunutze gemacht, daß man hier gefühlvoll sein darf, ohne sich lächerlich zu machen. Die vertrauten Fassaden der Via Garibaldi, der Via Po, der Piazza Vittorio Veneto sind gewiß nicht schön, aber man spürt das dramatische Leben hinter ihnen. Es ist wirklich sonderbar, wie man Shakespeare hier auf Schritt und Tritt begegnet. Schon gestern abend sah ich Pforten, Tore, Gassen und Arkaden, die Komödie spielten und sogar Richard III. Und doch ist dies alles nur Turin, von dem niemand spricht.

Auf der Victor-Emanuel-Brücke befindet man sich im Schatten eines hohen schwarzen Hügels. Die Dinge hier rufen keine geschichtlichen Ereignisse wach, erinnern einen aber fortwährend an eigene Erlebnisse. Solche dunkelgrünen Perspektiven, solche Rokokoklöster, solche unter Tannen versteckten Häuser im Stil der Jahrhundertwende haben mich in meinem Leben schon oft schwermütig gestimmt. Wir fahren durch die Via Roma, wie es der Reiseführer befiehlt; aber außer schönen Geschäften hat sie uns nichts Besonderes zu bieten. Auf verschiedenen Plätzen kommen wir an komischen Bronzedenkmälern vorüber. Es ist immer der gleiche bald wie ein Kassierer der *Banque de France,* bald wie ein *académicien* gekleidete Mann. Er sitzt auf einem Pferde, das für gewöhnlich galoppiert; nur einmal steht es still, während er in der hocherhobenen Hand einen Degen hält. Am erstaunlichsten aber ist jener Reiter, der neben seinem gestürzten Pferde liegt, das alle vier Beine in die Luft streckt. Einen König in solcher Position zu verewigen, setzt einen gewissen philosophischen Fatalismus voraus.

Seit zwei Tagen haben wir fest beschlossen, die Autobahn zu benutzen. Die reichlich mit Wegweisern versehene Anfahrtstraße führt uns durch verschiedene Stadtviertel, die mir auch jetzt wieder gut gefallen.

Längs der breiten Straßen stehen niedrige Häuser. Unter dem Lächeln der Sonne bekommen die Mauern einen goldenen Ton. Hier gibt es keine Karyatiden und keine Wappenschilder, sondern einzig jenen Mauerbewurf, den nur ein piemontesischer Maurer so leuchtend zustande bringt. Der Kalk ist so gemischt, daß er das Licht geradezu einsaugt. Hin und wieder schimmern die Fassaden wie Perlmutter. Die Fensterläden sind mit einem erstaunlichen Gefühl für Farbnuancen angestrichen. Man findet die verschiedensten grünen Töne auf dem aus Kalk und Sand gemischten rosa Putz, den die Sonne zum Leuchten bringt, ferner hellblaue Lasuren über weißgrauem Anstrich sowie hundert Beispiele für Harmonien aus Braun, Ocker und verblaßtem Purpur, wie sie Giotto verwendet. Dieses Kleinleuteviertel hat eine entschieden aristokratische Note. Es gibt wenig Verkehr in diesen viel zu großen Straßen: eine dicke Frau, die gerade vom Markt zurückkommt, und ein paar spielende Kinder. Leider stört das Geräusch unseres Motors die wunderbare Stille dieser Straßen. Wenn ich in Turin leben müßte, würde ich gern irgendwo hinter diesen Fensterläden wohnen. Es ist einfach unmöglich, in dieser Umgebung ein Misanthrop zu werden.

Gleich am Beginn der Autobahn sehen wir von einem kleinen Hügel die von schlammigen Kanälen durchzogene gelbbraune Ebene vor uns liegen. Ein paar etwa fünfzig bis sechzig Meter hohe Hügel, die rings über die Felder verstreut sind und sich zum Teil sogar auf der anderen Seite des Po befinden, erinnern mich an die künstlichen Berge, die man, soviel ich weiß, in dem Vorstadtgelände von Peking findet.

Wir haben jetzt das Wetter, das ich am meisten liebe: sanftes Licht bei leichtbedecktem Himmel. Links von uns sehen wir in der Ferne die echten, von wallenden Goldnebeln eingehüllten Berge liegen.

Antoine hat immer noch Kopfschmerzen. Trotzdem fahren wir gut unsere achtzig Kilometer, und der Zustand der Straße ist so vorzüglich, daß wir wie auf einem Teppich dahingleiten. Ich könnte sogar schreiben, wenn ich Lust hätte. Aber es lockt mich nicht; statt dessen stelle ich anhand der Karte Berechnungen an. Es macht mir Vergnügen, die Autobahn zu benutzen und zugleich ein Loblied auf die Straßen zu singen, die nur ein ganz langsames Fahren gestatten.

Übrigens bedaure ich trotz der achtzig Kilometer und trotz des seidenglatten Pflasters, daß wir uns für die Autobahn entschieden haben. Rechts von uns läuft nämlich eine gelbgraue Chaussee, auf der wir nach Chivasso hätten fahren können, wo die Prinzen von Monferrat das Recht hatten, Golddukaten zu prägen. Wir kommen an einer Reihe riesiger, zu beiden Seiten der Straße aufgestellter Reklameschilder vorbei. Sie stören mich kaum; ja, eigentlich machen sie mir Vergnügen. Gleich darauf habe ich sie auch schon vergessen. In ähnlicher Weise kann ich auch jederzeit meinen eignen Gedanken oder meiner Arbeit nachgehen und mich zugleich an einer Unterhaltung beteiligen, ohne daß ich deshalb, nach Aussage meiner Freunde, durch besondere Dummheit auffalle. Meine Gedanken sind auch jetzt ganz woanders, nämlich in der Landschaft, die seit etwa zwanzig Kilometern immer eindrucksvoller wird.

Die feinen Leute, die so verständnisvoll zu lächeln

und die Nase zu rümpfen verstehen und alles gesehen haben, werden sich über mich lustig machen. ›Was für eine übertriebene Begeisterung!‹ werden sie sagen; ›dabei redet er doch nur von Turin!‹ Ich gebe allerdings zu, daß ich ein gewisses Talent zum Glücklichsein habe. Für alles kann ich mich begeistern, selbst für einen kleinen Affen, der zur Drehorgel tanzt. Nichts liegt mir ferner, als mich anspruchsvoll zu geben.

Der Himmel hat an diesem Morgen den festlichen Pomp einer römischen Kirche entfaltet. Wir sind offenbar die einzigen, die das mit Bewußtsein genießen; denn die Reisenden, denen wir begegnen, sitzen alle in geschlossenen Kisten und haben sich ihr Verdeck wie ein Visier oder eine Kapuze über die Augen gezogen. Sie sind allesamt Zwangsasketen ihrer hundertundfünfzig Stundenkilometer. Sie sausen an uns vorbei mit dem Geräusch einer knallenden Peitsche oder mit dem Zischen von Röhricht, durch das der Wind fährt. Sie blicken abwechselnd auf ihren Zähler oder starr geradeaus auf die Chaussee. Meistens sitzen steinreiche Damen hinten im Auto, völlig gelähmt durch die große Geschwindigkeit. In welcher Verfassung mögen sie wohl bei ihrer Ankunft aussteigen?

Der Himmel entfaltet die ganze Gold- und Blütenpracht seiner Wolken. Wir fahren ständig aus der Sonne in den Schatten. Dieser dauernde Wechsel von Hitze und Kälte erhöht die Eindrucksfähigkeit.

Die Felder sind am Rand von Birken und Espen eingesäumt, und zwar überall und auf Meilen hinaus, so daß man meint, durch einen Wald zu fahren. Diese Bäume, die man überall mehr oder minder schlecht behandelt, weil sie kein Nutzholz liefern, sind hier zuweilen hundert und sogar über hundert Jahre alt und sehen gehegt und gepflegt aus. Sie sind sehr hoch und sehr schlank und wirken unbegreiflich jung. Der leiseste Wind, der durch ihre überaus empfindlichen Blätter streicht, läßt sie ganz plötzlich aus Frohsinn in Schwermut fallen. Einige von ihnen stehen längs des Kanals und beugen sich nachdenklich über das schwarze Wasser. Sie sind etwa fünfzehn bis zwanzig Meter hoch und fast bis zur Hälfte abgeästet, was dem Stamm seine Schönheit gibt. Er ist übrigens niemals hochmütig wie der Stamm der Pappel, sondern hat etwas von der Biegsamkeit eines Knabenkörpers. Die Rinde ist weiß oder vielmehr scheckig und glänzt wie das seidige Fell eines sorgsam und liebevoll gepflegten Pferdes. Ich bin überzeugt, daß man diese Bäume lediglich aus landwirtschaftlichen Gründen so stark beschneidet, aber es geschieht mit Umsicht (und vielleicht nicht einmal ohne Gefühl). Infolgedessen steigt der ganze Saft in die stattlichen Wipfel, die ungestört ihr zärtlich-schuldloses Leben entfalten, ohne daß wir, wie etwa beim Anblick eines Lamms, irgendwelche peinlichen Nebengedanken verdrängen müßten. Unsere bessere Natur wird dadurch eher und mehr gefördert als durch das Studium der Philosophen. Die Leute hier sind sicher nicht von dem ehrgeizigen Wunsch besessen, es den blasierten Reisenden gleichzutun, die kein Verständnis haben für das Glück, sich im Schatten von Bäumen auszuruhen, die man zwanzig Jahre lang selber gepflegt hat.

Das ganze Piemont, das an die Lombardei grenzt, ist in der geschilderten Weise bewaldet. Jedesmal, wenn die Chaussee über eine der hochliegenden Brücken führt, um eine Querstraße zu kreuzen, sehen wir bis zum Horizont nur diesen einen Wald von Espen und Birken, aus dem sich dann und wann ein Glockenturm erhebt; gelegentlich steigt ein Schwarm von Enten oder Regenpfeifern aus dem Grün auf. Manchmal öffnet die Straße auch den Blick auf ein größeres Reisfeld und einen Bauernhof mit einer Wasser- oder Windmühle, mit Silos und mit einer Kapelle; oder sie zieht sich an einem Weg entlang, der vor der fensterreichen Fassade eines wirklichen Herrensitzes endet. Hinter ihr liegen, von den hellen Stämmen der Birken verdeckt, weiße und scheinbar leere Dörfer, die plötzlich auftauchen und gleich wieder unter dem schimmernden Blattwerk der wirren Zweige verschwinden. Ich stelle mir friedliche Pfade und weite Wasserflächen vor und lasse meinen Blick über das Bronzegrün der Reisfelder gleiten. Ein schwarzes Pferd mit langer Mähne galoppiert aus reinem Übermut auf seiner Weide umher. Städte und Dörfer heben ihre mit vier oder fünf Reihen von Schießscharten versehenen Türme oder den mit einer eingefaßten Loggia gekrönten Campanile oder gar eine ganze lombardische Pfarrkirche über das Grün ihrer Baumkronen empor. Von Zeit zu Zeit kommen wir an einen Fluß oder einen Bach: den Orco, die Dora, den Elvo, den Cervo, deren spärliches Wasser sich durch Schlamm und Geröll windet. Überall Espen und Birken, braune Reisfelder, Glockentürme aus goldgetöntem Stein und rosa Häuser. Auf den ziemlich großen Feldern sieht man Frauen, die den Reis zu Garben binden. Sie tragen Röcke in leuchtend bunten Farben: Rot und Gelb und manchmal auch reines Weiß, das noch weit mehr in die Augen sticht. Die Gehöfte haben Kirchen, deren üppige Ornamentenfülle mit der Pracht des Mailänder Doms wetteifert. Sie sind von Silos, Kasernen, Speichern, Ställen und Scheunen und Garagen umgeben, in deren Fenstern blühende Geranientöpfe stehen.

Im Norden wird diese Gegend von den Alpen begrenzt. Da sie höchstens dreißig Kilometer entfernt sind, ragen sie allenthalben über die Bäume hinaus. Sie sehen aus, als wären sie aus schwarzem Samt. Es regnet heute in Strömen. Der Himmel ist voll von kleinen rötlichen Wolken, die mit der Erde durch einen leichten Nebelschleier verbunden sind.

Ohne die Verwandtschaft mit dem Gebirge und seinen klaren Wassern würde mir der Charakter der Piemontesen unverständlich bleiben. Die Einwohner dieser baumreichen, mit Reis und Mais überreichlich gesegneten Gegend, pflegen regelmäßig und gut zu essen und leben friedlich in der harmlosen Gesellschaft ihrer schönen schweigenden Bäume. Sie machen alle entschieden den Eindruck, daß sie lieber reden als handeln. Sie wissen genau, wie man die verletzte Ehre rächt oder wie man der Tyrannei entgeht; ihre Dichter, von denen es vier oder fünf in jedem Dorfe gibt, sagen es ihnen. Die Leute meinen jedoch, genug getan zu haben, wenn sie ein heroisches Gedicht rezitieren oder doch wenigstens beim Zuhören erbittert die Augen rollen. Wenn die Einwohner von Casapinta de Croce di Mosso oder von Cressa de Fontanetto das Alter von zwanzig Jahren erreicht haben, ziehen sie in die Ebene hinunter. Dort verheiraten sie sich, und damit fängt ein neuer Lebensabschnitt an.

Man hat mir eine Geschichte erzählt, die einen guten

Begriff von der Denkungsart der Leute gibt, die in den Wäldern oberhalb von Biella und Varello leben. Mein Freund Bernardo hat ein Haus in Scopa, einem Dorf im Hochtal der Sesia. Seit dreißig Jahren wirtschaftet bei ihm eine Magd, die immer guter Laune ist und alles von der guten Seite nimmt. Plötzlich aber ist die gute Laune verschwunden. Sofort sagt sich Bernardo: Sie hat mich bestohlen, obwohl sie seit dreißig Jahren alles auf Heller und Pfennig genau abrechnet. Er sieht denn auch sogleich in einer kleinen Schachtel nach, die er in der Bibliothek hinter Tronchis dreibändigen ›Annalen von Pistoia‹ versteckt hat und in der er fünf oder sechs Goldstücke aufbewahrt. Die Schachtel ist leer. Er sagt gar nichts, und das Leben geht weiter. Mein Freund bewohnt das Haus in Scopa allein mit dieser Frau von fünfzig Jahren, die riesengroß ist und einen Schnurrbart hat. »Vielleicht ist sie überhaupt ein Mann«, sagt mir Bernardo; »wissen tut's keiner.« Wenn im Winter Holz gehackt werden muß, legt sie die größten Tannen um und trägt die Kloben auf dem Rücken davon. Keine Tür schließt in dem alten, aus dem sechzehnten Jahrhundert stammenden Haus, wo man in den letzten dreihundert Jahren noch keine fünfhundert Lire für Reparaturen ausgegeben hat. Verbrechen – und meistens unüberlegte – kommen in den Bergen ziemlich häufig vor. Obschon es sich fast immer um Raub handelt, begeht der Mörder hinterher in neun von zehn Fällen Selbstmord. Bernardo wohnt also weiter mit seiner Magd zusammen, die ihre alte Heiterkeit nicht wiederfinden kann. An manchen Tagen ist sie von einer so hoffnungslosen Traurigkeit, daß die Augen ihres verwitterten Gesichts vor Kummer leuchten. Dieser Zustand dauert drei volle Jahre (was nur ein ›Kenner‹ begreifen wird), und Bernardo kann in aller Ruhe seine Schrift über die Geschichte von Bologna beenden. Eines schönen Tages nun bringt unsere Ghita (die eigentlich Margerita heißt) Bernardo das Frühstück und strahlt und lacht wie früher. Bernardo trinkt in aller Ruhe seinen Kaffee. Dann steht er auf und begibt sich geradenwegs zu seiner Schachtel – und siehe, die Goldstücke sind wieder da.

Ich habe diese Geschichte in Turin erzählt, wo man ihr eine neue, echt piemontesische Wendung gab. Man sagte mir, Bernardo hat mindestens einmal gelogen, was hier jeder tut. Alle waren fest davon überzeugt, daß er, als Ghita plötzlich traurig wurde, nicht in der kleinen Schachtel hinter den Annalen von Pistoia nachgesehen, sondern der Vorsehung freie Hand gelassen hat.

Wir verlassen Piemont, indem wir den Tessin überqueren und auf der Brücke halten. Dieser Fluß erinnert mich an das riesige Flußbett der Durance mit seinen Spuren kosmischer Stürme, nur daß der Schlamm hier heller ist.

In der Lombardei werden die Reisfelder immer größer und die Bäume immer seltener. Die Marktflecken und Dörfer liegen nackt in der Sonne, die alles in ihren heißen Dunstschleier hüllt. Es sind meistens reiche und häufig neu angelegte Siedlungen. Nichts hält den freien Blick auf, außer dem Bergrücken von Abbiate-Grasso. Man fährt über das Schlachtfeld von Magenta, ohne es zu merken. Mein Großvater mütterlicherseits (noch einer), der später erster Posaunenbläser in der königlichen Garde Napoleons III. war, diente vorher als Zuave in dieser Gegend. Er muß trotz seiner weiten roten Pluderhosen über diese Bäche gesprungen sein. Was tat mein anderer Großvater damals? Er liebte es nicht, mit gefälltem Bajonett anzugreifen, sondern entledigte sich seiner Feinde im Schatten und sicherlich aus dem Hinterhalt.

Um die Mittagszeit kommen wir in Mailand an. Antoine triumphiert. Dank der Plakette des italienischen Automobilklubs, die wir für tausend Lire an der Grenze erworben haben, können wir den Wagen kostenlos und bequem rechts vom Dom auf dem kleinen Platz vor dem Palazzo Reale parken. Die Stadt ist glühend heiß. Wir haben Hunger; das Licht blendet; der Dom mit seinen tausend Türmchen geht auf die Nerven. Antoine und Germaine benutzen die Gelegenheit, sich mit den Tauben vor ihm photographieren zu lassen. Schließlich suchen wir uns in einer kleinen Straße ein Restaurant, in dessen Fenster zweihundert oder dreihundert Kilo Nudeln zur Schau stehen, die halb wie frisierte Locken, halb wie Brüsseler Spitzen aussehen. Wir folgen auch hier den Sitten des Landes und essen ein ausgezeichnetes Ragout aus Rind- und Hammelfleisch mit Kartoffeln, Karotten, Porree, Rüben usw. Danach melden sich wieder Antoines Kopfschmerzen, die immer schlimmer werden. Der Arme ist rot wie ein Krebs und will sich ein Hotelzimmer suchen, um dort einen Mittagsschlaf zu halten. Er ist müde. Das Einfachste wäre, hier zu übernachten.

Wir gehen wieder auf die Straße, wo die Hitze und das grelle Licht unerträglich sind. Die Luft ist voll von einem feinen brennenden Staub, wie im Frühling, wenn die Blütenkapseln der Platanen aufspringen. Ich hasse diese frühen Nachmittagsstunden auch sonst; aber mich zu dieser Zeit über das Pflaster zu schleppen, geht über meine Kraft. Verdrießlich betrachte ich diese immer gutgelaunten Italiener.

Vielleicht wimmelt es in den Straßen von schönen Frauen – ich sehe keine. Wenn all das, was ich gelesen habe, stimmt, so begegnet man hier den abenteuerlichsten und elegantesten Männern der Welt; und doch habe ich nur einen Wunsch: mich in einem kühlen, abgedunkelten Zimmer auszuruhen. Wir können nicht einmal mehr einen Entschluß fassen. Eine Hotelhalle zu betreten und mit dem Empfangschef die üblichen Worte zu wechseln, geht entschieden über meine Kraft. Antoine führt seinen schmerzenden Kopf spazieren, während Elise und Germaine gebannt vor den vollgestopften Schaufenstern stehen und all die sinnlosen Dinge bewundern, die sich durch Preise mit unzähligen Nullen auszeichnen und sich alle als unwiderstehlich erweisen bis zu dem Augenblick, wo man sie gekauft hat. Dann möchte man sie am liebsten in die finsterste Ecke werfen. Ich schwöre im stillen zu allen Göttern, daß ich es zu Hause besser hatte.

Von Mailand kenne ich nichts, außer einer einzigen kleinen Gasse, die mich an ein halb ausgetrocknetes Flußbett erinnert, in dem nur ein spärliches Rinnsal sich abmüht. Ich weiß nicht einmal mehr ihren Namen. Sie ist höchstens vier oder fünf Meter breit und führt an den Lagerräumen eines großen Kaufhauses entlang. Sie liegt links vom Dom und kreuzt rechtwinklig den Corso Vittorio Emanuele. Ich gebe mein

Wort, daß dieser Ort an diesem Tage und um diese Stunde – es ist zwei Uhr nachmittags – für meinen zerrütteten Geist der allerschrecklichste auf Erden ist.

Außerdem ist dieser Dom keinen Pfifferling wert!

Endlich lassen wir uns auf der Terrasse eines Cafés nieder, mit dem Blick auf dieses Ungetüm. Es ist nicht der Reichtum, der mich stört, sondern der völlige Mangel an Großzügigkeit. Außerdem kann man kaum etwas erkennen. Eine Statue, deren Anmut sich auf einer Photographie bequem betrachten läßt, ist hier in hundert Meter Entfernung kaum noch genießbar. Sie ist nur noch eine Silhouette, ein Schatten, und kommt in ihrer eigentlichen Schönheit überhaupt nicht zur Geltung. Reichtum an sich, auch übermäßiger, ist noch kein Fehler, wie denn Bescheidenheit an sich noch kein Zeichen von Harmonie und Eleganz, sondern oft genug nur von Unreife ist. Eine Überladenheit aber, von der kein Mensch etwas hat, ist sicher ein Fehler.

Von den zweitausenddreihundert Statuen des Doms sind mehr als achthundert vor 1380 entstanden. Die romanische Kunst hat sich in den Mittelmeerländern noch weit über das zwölfte Jahrhundert hinaus behauptet. Ich weiß von Scipione Olivari, daß die Steinmetzarbeiten zum großen Teil im dreizehnten, vierzehnten und fünfzehnten Jahrhundert von unabhängigen Handwerkern ausgeführt wurden, die auf dem Lande lebten. Sie machten sich wenig Gedanken über ihre Arbeit. Überdies kamen alle Anweisungen in diesen abgelegenen Orten, die man häufig nur mit einem zuschanden gerittenen Pferde erreichte, verspätet an, ganz abgesehen davon, daß dort niemand daran dachte, die Kunst als eine heilige Angelegenheit zu betrachten, deren Ausführung nur den Priestern vorbehalten war. So erkläre ich mir beispielsweise die sehr menschlichen Züge einer Hiobsgestalt (sie befindet sich oben links von der Treppe zu den Medicigräbern) und eines ganz außergewöhnlichen kreuztragenden Christus, der lächelt. Ganz sicher lebt im Lächeln von Reims sehr viel von der Seine- und Oiselandschaft. Es richtet sich an Menschen mit langen blonden Bärten, die gut schlafen, auch wenn sie getötet haben. Ein geheimnisdunkles Land, beladen mit vorweggenommenen Gewissensbissen lebt in dem Lächeln von Mailand.

Wieviel Hochmut liegt in der romanischen Demut! So betrachtet ist der Dom bescheiden.

Germaine, Elise und Antoine wollen sich nicht mehr von der Stelle bewegen. Sie haben sich in Sesseln niedergelassen, und das ganze Café steht zu ihrer Verfügung. Ich nehme ein Taxi und begebe mich zu Ivo Senesi, der mich erwartet. Auf der Fahrt zur Via Beato Angelico lerne ich ein Mailand kennen, das mehr oder minder genauso aussieht wie jede andere südliche Stadt bei großer Hitze. Ich habe eine interessante Unterhaltung über Kunst mit dem Ehepaar Senesi, das ich zum erstenmal sehe und das mir sehr gefällt. Von der Wohnung in der sechsten Etage eines Vorstadthauses sieht man auf die Dächer, auf die großen Parks und Gärten der Stadt. Bereits fünf Minuten nach unserer Bekanntschaft sprechen wir von Dante. Ich fahre mit dem Taxi, das kostenlos vor der Tür gewartet hat, zum Domplatz zurück, wo ich meine drei Reisegefährten munter und erholt wiederfinde.

Was machen Antoines Kopfschmerzen? Sie sind verschwunden; so daß wir uns entschließen, weiterzufahren.

Es ist fünf Uhr. Es ist kühler geworden, und vor allem blendet das Licht nicht mehr so stark. Wir machen eine Stadtrundfahrt wie in Turin und begegnen abermals auf allen Kreuzungen der Bronzegestalt des *académicien* zu Pferde: in allen heroischen Attitüden, seinen Sturz inbegriffen. Diesmal habe ich den Eindruck, man solle doch nicht darüber lachen.

Wir kommen an schattigen Hügeln vorbei. Die Dämmerung beginnt, als wir uns Bergamo nähern. In Manosque habe ich einen Bergamasken zum Nachbarn. Er arbeitet in seinem Gemüsegarten, der unter dem Fenster meines Studierzimmers liegt. Ich sehe ihm oft bei der Arbeit zu, wenn er seine Spinatbeete mit einem großen Rechen anlegt, Kartoffeln setzt und Bohnen legt, oder wenn er mit seinem dreizahnigen Spaten die Erde umgräbt. Ich stelle mir vor, daß er aus dieser Gegend stammt. Ich mache Elise auf die Anordnung der kleinen Gärten aufmerksam. Der alte Negroni hat die Gewohnheit, längs der Gemüsebeete Blumen zu pflanzen, sicherlich von hier mitgebracht, und zweifellos auch sein gütiges Herz, das immer zu schenken bereit ist und drei Franken für Dinge verlangt, die in der Stadt mindestens dreißig kosten. Er hält Fine für seine Landsmännin, obwohl sie aus den piemontesischen Alpen stammt.

Ich kenne noch einen anderen typischen Bergamasken, den seine Kameraden ›Bergues‹ nennen. Niemand erinnert sich mehr an seinen richtigen Namen. Gide sagte mir: »Dieser Mann ist mir widerlich.« Das war auffallend, denn Gide verabscheut selten jemanden. Wir pflegten zusammen Schach im Hinterzimmer einer kleinen Kneipe zu spielen. Bergues und ich waren gute Freunde. Dieser merkwürdige Mann zog seinen Unterhalt in undurchsichtiger Weise aus einem einige tausend Hektar großen Domänenwald. Nachdem er lange Zeit Holzfäller gewesen war, wurde er ein geschätzter Sammler von medizinischen Pflanzen. Er sammelte Grindkraut, die nach Vanille riechenden Knabenkrautwurzeln, Stechapfel und Beifuß; ferner Pilze, wilde Himbeeren, Walderdbeeren und Heidelbeeren. Er griff auch, trotz aller Verbote, Forellen mit der Hand und fing Füchse, Hasen, Murmeltiere und Dachse in Schlingen. Er war ein sehr geschickter und emsiger Gerber, und es stank ganz erbärmlich in seinem Hause. Wenn er uns beim Schachspielen entdeckte, setzte er sich in unsere Nähe. Ich glaube, er hatte Gide sehr gern – vor allem als Schachspieler. Bei diesen Gelegenheiten war Gide Castruccio Castraccani*, und man sah es ihm an. Bergues ließ sich keinen Zug entgehen. Der eigentliche Grund, warum Gide ihn nicht mochte, war: Bergues sagte nie ein Wort. Er legte neben das Schachbrett drei oder vier Frösche auf den Tisch, die auf dem kalten Marmor ruhig sitzen blieben. Von Zeit zu Zeit aß er einen bei lebendigem Leibe auf und spülte diesen Bissen mit einem großen Schluck Wein hinunter. Während der ganzen Zeit blieb er schweigsam. Hatte er die Frösche verschlungen, so ging er fort.

* *Castruccio Castraccani degli Antelminelli (1281–1328), Herzog von Lucca. Anm. d. Übers.*

Das untere Bergamo liegt in einer kleinen sumpfigen Ebene, die ganz braun ist vor lauter Binsen. Die obere Stadt auf dem Hügel mit ihren Kirchen Santa Maria Maggiore, dem Dom, der Rocca, San Michele al Pozzo Bianco und mit ihren schwarzen Bäumen und ihrer tiefen Stille ißt Frösche – ich kann es nicht besser sagen. Dies wäre genau der richtige Ort für meinen ›Husar‹.* Was hätte Angelo alles anfangen können mit dieser Stadt! Die Nacht ist noch nicht so dunkel, daß sie das Rosa der Ziegeldächer über den Binsen verschwinden läßt. Der Wind gibt diesen Sümpfen ein seltsam-fremdes Aussehen. Seit sieben Jahren frage ich mich, woher Carlotta stammt. Sie denkt und empfindet wie Bergues. Man muß sich diese junge Frau bedrängt von österreichischen Soldaten vorstellen. Die Romane sagen nicht alles. Ich habe oft versucht, das zu sagen, was sie mehr oder minder zwangsläufig beiseite lassen. Das Auto, der Zug, wie überhaupt jedes Fahrzeug, das die Landschaft mit ungewöhnlicher Schnelligkeit an den Augen vorübergleiten läßt, erregt die Phantasie. Ein Fußmarsch hat mehr Stil. Geschwindigkeit erzeugt Handlung. Vor Ausbruch der Cholera hat Angelo intensiv gelebt, was aus seinen Erinnerungen hervorgeht. Er hat lange Zeit in Aix-en-Provence gelebt und hat dort eine gewisse Anna Clèves, die einmal Opernsängerin war, kennengelernt und mit ihr ein Verhältnis gehabt. Die Sache ging übrigens durch seine Schuld schlecht für ihn aus. Er wurde in die Intrigen eines Generalvikars verwickelt. Von alledem

* *»Der Husar auf dem Dach« (Le hussard sur le toit) ist ein Roman des Autors, der in der Mitte des neunzehnten Jahrhunderts in Oberitalien spielt. Angelo und Carlotta sind Hauptfiguren dieses Romans.* *Anm. d. Übers.*

ist kein einziges Wort im ›Husar‹ zu finden. Nachdem er die Cholera überstanden und (wie er glaubte) Pauline aus Théus für immer verlassen hat, kehrt er nach Italien zurück. Aber der italienische Unabhängigkeitskrieg läßt auf sich warten. Vermutlich werden wir ihm in Mailand wieder begegnen bei den Umtrieben jenes Tages, der als ›Tag der Zigarren‹ berühmt geworden ist. Die Mailänder rauchten nicht mehr, um gegen die Antwort des Kaisers auf ihre Forderungen zu protestieren. Die Polizei verteilte Zigarren an die Soldaten und sogar an die Gefangenen, um die Menge aufzustacheln und somit rechtmäßig Gewalt anwenden zu können. Soldaten und Polizisten stolzierten, die Zigarre im Mund, in herausfordernder Haltung durch die Straßen. Kurz, es gab fünf Tote und viele Verletzte. Von diesem Tage an gingen die Mailänder nicht mehr auf dem Corso spazieren, wo dieses Gemetzel stattgefunden hatte. Das heißt nicht, daß sie überhaupt nicht mehr spazierengingen, sie verlegten nur ihre Promenade an die Porta Romana. Angelo, der, wie wir wissen, stets gern seine kleine Zigarre raucht, kann an einem solchen Tag unmöglich gleichgültig bleiben. Jedenfalls glaube ich das. Aber zwischen dem Augenblick, wo er auf dem in Théus gekauften Pferd nach Italien zurückreitet, und dem Ausbruch dieser Revolte vergehen etwa anderthalb bis zwei Jahre, oder sagen wir genauer etwa zwanzig Monate. Was hat er in dieser ganzen Zeit getan? Um ihn herum leben Giuseppe, Lavinia, seine Mutter, Carlotta und der Signor Stratigopolo. Um ihn herum gibt es die braunen Sümpfe, die rosa Dächer, die obere Stadt, Piemont und die Lombardei. Und es gibt auch meine Freunde

Bernardo, Scipione, Ivo Senesi, Bergues, Negroni und den schachspielenden Gide. Am liebsten würde ich nun beschreiben, was sich ereignet, wenn die erfundenen Personen sich von dem Leben der wirklichen Personen nähren. Das wären Abteuer in Hülle und Fülle. Ich vergaß, daß es auch noch meinen Großvater gibt: nicht den Zuaven, sondern den anderen.

Hinter Bergamo kommen wir an einem Turm vorbei, der zwar Strich für Strich jenen ›Türmen der Eifersucht‹ gleicht, welche die düstern Standesherren des Mittelalters mitten im Häusergewirr errichteten, der aber doch zweifellos modern ist. Er sieht so aus, als habe er früher einmal an der Ecke eines verlassenen, ganz mit Binsen und braunem Röhricht bedeckten Flugplatzes gestanden. Zwei Arbeiter wickeln am Fuße eines Telegraphenmastes Draht auf eine Rolle. Ich befrage sie über dieses Bauwerk. Sie sehen es sich an, als hätten sie es noch nie (oder schon immer) gesehen. Sie wissen von nichts. Der eine sagt: »Vielleicht war's Mussolini« – ein kränkendes ›vielleicht‹ für einen so mächtigen Turm.

Brescia gilt in Italien als die Heimat der Frauen, die die schönsten Augen haben. Wir biegen bei völliger Dunkelheit in die dorthin führende Chausee ein. In dem Scheinwerferlicht, das allem Grün eine so unwirkliche Intensität verleiht, scheint sie mir genau so von Pappeln und Wiesen eingefaßt zu sein wie eine der von mir so geliebten Alpenstraßen. Infolgedessen bin ich bereit, alles schön zu finden – sogar diese einfache Brücke, deren schwungvoller Bogen doch nur für die Eisenbahn gebaut ist.

Die Straßen, in die wir einbiegen, sind von spärlichen Laternen mäßig erhellt und wie ausgestorben (es ist acht Uhr abends). Wir fahren an nackten, fünf bis sechs Meter hohen Mauern vorbei, die an Kasernen, Gefängnisse oder Festungen erinnern. Dieser militärische Vorgeschmack mißfällt mir keineswegs, im Gegenteil. Wir befinden uns in dem Akt einer Oper, wo der Tyrann grade seine Untaten verübt. Über eine Viertelstunde lang fahren wir zwischen Wällen im Kreise, ohne eine Menschenseele anzutreffen. Antoine ist begeistert. Mit großer Schnelligkeit fährt er nach links, nach rechts, geradeaus und wieder zurück. Mindestens dreimal kommen wir an jenem hohen eisenbeschlagenen Stadttor vorbei. »Eine seltsame Stadt«, meint Germaine. »Wo sind wir denn eigentlich?« fragt Elise. Ich antworte ihr: »Nach der Karte in Brescia.«

Endlich biegen wir ohne ersichtlichen Grund in eine Gasse ein und landen auf einem Platz, der vollends unwirklich ist. Wir halten. Noch immer läßt sich keine lebende Seele blicken. In dem grellweißen Scheinwerferlicht, das uns einen Schauer über den Rücken jagt, liegt eine Kartondekoration: die Fassade eines russischen Landhauses von 1900, wie man sie aus Turgenjews ›Aufzeichnungen eines Jägers‹ kennt. Von der Hofseite sieht man den Giebel, den Balkon und die Freitreppe eines kleinen Rokokopalastes; von der Gartenseite auf ein einfaches Backsteinhaus, das man zu ebener Erde durch eine große Glastür betritt, hinter der es auf verschiedenen Borden von Glas und Nickel glitzert. *Merde* sagt Antoine, obwohl er sehr gut erzogen ist. Er entschuldigt sich auch gleich darauf. Wir sind alle vier ganz seiner Meinung.

Darauf völliges Schweigen. »Das kann niemals

Brescia sein«, sagt Antoine. Ich weiß nicht, was es ist... vielleicht nur ein bittersüßer Traum. Das Haus an der Gartenseite ist vermutlich eine Bar. Antoine drückt gegen die Tür, die zu läuten beginnt. Endlich erscheint auch ein Schauspieler. Niemals ist diese Bezeichnung so zutreffend verwendet worden. Wir sind enttäuscht und neugierig zugleich: er spricht, macht verschiedene Gesten und zeigt uns einen einsamen Boulevard, der unter gelben Laternen ansteigt.

Nie habe ich etwas so Romantisches gesehen wie Brescias äußeren Boulevard bei Nacht. Wir verlassen dieses blendende Schauspiel und treten wieder in den fahlen Schatten des ersten Aktes. Die Festung und die Wälle sind verschwunden; dafür gibt es auf allen Seiten Bäume und Gestrüpp, die bei jeder Kurve im Licht unserer Scheinwerfer spinatgrün aufleuchten. Wir kommen in eine lange, breite und seltsam vornehme Allee.

Wir vergleichen unsere Uhren. Es ist gut halb neun Uhr. »Wieviel Einwohner hat diese Stadt?« fragt mich Antoine. Ich sehe im Reiseführer nach: »hundertsiebenundvierzigtausend.« Bis jetzt haben wir davon erst einen einzigen zu Gesicht bekommen: den Schauspieler in jener Bar; und dabei bummeln wir seit fast einer halben Stunde durch diese Stadt oder, genauer, durch dies Mysterium.

Der Boulevard, den wir langsam und vorsichtig durchfahren, ist eine sehr breite Parkallee. Die weißen Fassaden rechts und links mit ihren geschlossenen Fenstern und Türen sind kaum zu erkennen. Man hat den Eindruck, daß die Straßenlaternen keine Produkte der Zivilisation sind, sondern natürliches Licht ausstrahlen, wie ferne Sterne oder Johanniswürmchen; sie leuchten auch nicht viel stärker. Wir sind sozusagen von einer natürlichen Künstlichkeit umgeben. Denn es sieht wirklich so aus – und zwar, wie ich glaube, durch die Beleuchtung –, als wären die wirklichen Bäume, ihr wirkliches Laub und die wirklichen Häuser sämtlich aus bemaltem Karton. Alle Raumformen wirken flach – eine Illusion, die durch das Fehlen von Menschen noch verstärkt wird. Wir fangen an zu zweifeln, ob wir selber noch aus Fleisch und Blut sind.

Anscheinend müssen wir in die erste Straße links einbiegen. Aber ist das überhaupt eine richtige Straße? Oder nur eine Straßenöffnung oder ein einfacher brauner Streifen auf einer Kulisse aus Sackleinwand? Noch nie habe ich Antoine so vorsichtig fahren sehen. Wir steuern nach links und fahren in Schrittgeschwindigkeit in etwas hinein, was wir offenbar für eine Straße halten dürfen.

Sie ist sehr schmal und lang und dunkel. Wir kreuzen nach einem kurzen Augenblick eine andere lange und dunkle Straße. Kein Mensch weit und breit. Wir erkennen rechts und links von uns Mauern, die hin und wieder von großen verschlossenen Türen durchbrochen sind. Endlich huscht ein Schatten vorüber und geht beiseite, um uns Platz zu machen. Flüchtig erkenne ich im Vorbeifahren den zweiten Einwohner Brescias, der sich in einen Mauerwinkel drückt.

Gleich darauf sehen wir bei einer Kreuzung vier weitere Menschen. Sie stehen vor einer Tür, die zu einem Tabakladen zu führen scheint. Sie sind modern gekleidet; einer von ihnen trägt einen Mechanikerkittel. Anscheinend spielen oder wiederholen sie gerade eine Szene, die offenbar etwas sehr Nobles und Heldenhaftes zum Gegenstand hat, denn ihre Bewegungen sind grandios.

Wir nähern uns mehr und mehr dem Mittelpunkt der Stadt. Die Straße verbreitert sich. Und da ist auch wieder das Licht aus dem zweiten Akt, das zweifellos den Höhepunkt der Handlung ankündigt.

Trotz unseres langsamen Tempos bremst Antoine energisch. Wir halten auf einem nagelneuen, halb im Stil des 16. und halb des 20. Jahrhunderts erbauten Platz. Vor uns erhebt sich ein quadratischer, von Kopf bis Fuß erleuchteter Wolkenkratzer von vierzehn Etagen, der von Arkaden getragen wird und selber Arkaden und wiederum Arkaden trägt, bis er sich schließlich in der blauen, mit all ihren Sternen wundervoll nachgeahmten Nacht verliert. Rings um den grell erleuchteten Platz laufen Säulenhallen, in denen Männer und Frauen wandeln und offenbar einen Chor darstellen. Vor einem kleinen Peristyl parken Autos, die völlig neu und aus Gold zu sein scheinen. Auf dem Platz selber warten etwa hundert furchtlose, teils unbewegte, teils sanft einherwandelnde Gestalten offensichtlich auf das Einsatzzeichen des Dirigenten. Man hört nur das Geflüster der wartenden Menge und das Husten in den Logen.

Nach meinem persönlichen Eindruck sind wir hier fehl am Platze und werden sicherlich ›was zu hören bekommen‹. Vielleicht ist es sogar unsere Schuld, wenn das Stück nicht beginnt. Welch ein Alptraum, mit dem Auto ins Theater und sogar bis auf die Bühne zu fahren! Am liebsten würde ich mich in ein Mauseloch verkriechen.

Da wir auf jeden Fall etwas unternehmen müssen, fragen wir reichlich ungeschickt einen Statisten, der auf dem Trottoir an uns vorbeigeht, ob es vielleicht in der Nähe ein Hotel gebe. Man stellt solche absurden Fragen nur im Traum und bekommt auch nur im Traume eine so schlichte Antwort. Unser Statist weist in aller Seelenruhe auf die gegenüberliegende Straße.

Wir fahren dorthin und geben genau acht, uns dem Bewegungsrhythmus des ganzen Festablaufes harmonisch einzuordnen. Ich habe den tröstlichen Eindruck, daß es uns auch gelingt. Wenn man bei unserem Erscheinen große Augen machte, so vollzieht sich unser Verschwinden unter allgemeiner Gleichgültigkeit.

Die Straße, in die man uns geschickt hat, ist durchaus sympathisch; ein Bogengang, zu dem in gewissen Abständen zwei bis drei Stufen hinaufführen, teilt sie der Länge nach in zwei Hälften. Der Teil, in dem wir uns bewegen, liegt immer noch in dem grellen Licht einer völlig unwirklichen Vollmondnacht. Der überwölbte Teil der Straße bleibt geheimnisvoll im Schatten, aus dem einzelne gelbe Lämpchen aufleuchten. Man denkt unwillkürlich an ein Aquarium, in welchem große Fische schläfrig umherschwimmen.

Sobald wir das Hotel betreten haben, sind wir beruhigt. Wir befinden uns in vertrauter Umgebung. Es ist die zweite Szene des zweiten Aktes von Hamlet, gespielt von Lawrence Olivier: *Saal in einem Schloß*. Die Zimmer, die man uns zugedacht hat, sind für Ehepaare bestimmt, das heißt, sie enthalten zwei fünf Meter voneinander entfernte Einzelbetten. Man verlangt von uns einen Preis, der selbst in Liren alle Befürchtungen übersteigt. Wir bedanken uns bei Polonius und machen uns auf die Suche nach einem andern Hotel.

Schließlich befinden wir uns, zwei Schritte weiter, vor dem neuen Quartier. Das Haus ist seinerzeit durch englische Bomben beschädigt worden, und die Wiederinstandsetzung ist noch nicht ganz abgeschlossen. Im Innern stehen noch Baugerüste. All das wirkt ein wenig ernüchternd. Trotzdem will ich hierbleiben. Elise und ich wählen das einzig bewohnbare Zimmer in der zweiten Etage, während Antoine und Germaine im ersten Stock bleiben, wo es schon wieder ›allen modernen Komfort‹ gibt. Von meinem Fenster sehe ich auf eine alte Klosterfassade im Jesuitenstil, auf unzählige alte Ziegeldächer und einen Uhrturm, der die Stunden schlägt. Das alles gefällt mir ausgezeichnet.

Wir müssen allerdings noch zum Abendessen fortgehen. Unser Weg führt uns durch einsame Straßen. Eine Stadt für sich allein zu haben, hat einen besonderen Reiz: man überträgt seine Gefühle auf die Häuser statt auf die Passanten. Hier lebt in den Fassaden ein gewisser volkstümlicher Heroismus. Man sieht eine Parade alter mumifizierter *grognards* des versunkenen Kaiserreichs vorüberziehen. Es ist totenstill; ein Flüstern der Verschwörung geht durch die Arkaden, die ein so seltsames Licht haben, wie ich es sonst nur vom Theater kenne.

Eine Stadt, in der man bei Nacht ankommt, wirkt leicht geheimnisvoll. So beginnt die Straße, in der wir essen wollen, breit und stattlich mit Geschäften und sogar mit dem Schild eines Notars, endet aber schmal und ärmlich. Ein mit grünen und roten Fähnchen geschmückter Trolleybus taucht plötzlich auf und quält sich durch die engen Mauern. Er ist völlig leer und sieht aus wie ein spazierenfahrendes Einmachglas. Wir gehen den gleichen Weg wieder zurück. Es ist halb zehn, und wir sind sehr hungrig. Wir biegen in eine andere Straße ein, die anscheinend in einem Tunnel endet.

Schließlich finden wir ein kleines Restaurant, wo man das denkbar beste Fleisch mit Nudeln für uns zubereitet. Der Wein ist ausgezeichnet. Zwei Radfahrer treten ein, stellen ihre Räder gegen die Wand, setzen sich an den Nachbartisch und fangen sofort an, Karten zu spielen.

Wir beenden diesen Abend auf der Terrasse eines kleinen Cafés in den Arkaden. Kann der Mensch auf Erden zufriedener sein, als wenn er an einem kühlen Sommerabend mit guten Freunden im Freien zusammensitzt? Man sagt, daß die Italiener laut sind und heftig gestikulieren; das ist eine englische Verleumdung. Ich glaube, daß man nördlich der Linie Briançon–La Rochelle gar nicht weiß, was eigentlich das Wesen einer richtigen Caféterrasse ist. Es gibt diese Einrichtung zwar auch in Paris und in Stockholm, aber nur hier genießt man sie wirklich. Selbst in Marseille ist das nicht der Fall. Ich habe in Brescia mehr als zwei Stunden damit verbracht, die Lebenskunst der Leute um uns herum zu beobachten. Es gab viele hübsche Frauen und mehrere Männer, die es wagten, *sitzende* Fra Diavolos zu sein. Das Café war weder elegant noch *à la mode* (es handelte sich nicht um die *Deux Magots*). Man traf dort einige Kaufleute dieses Viertels, den Garagenhüter, den Elektriker, den

Uhrmacher und den Strumpfhändler. Sie sprachen leise miteinander, ohne jede Geste, und fielen immer wieder in längeres Schweigen. Die Männer rauchten kleine beißende Zigarren, nach deren Genuß ein frisches Glas Wasser eine wahre Wohltat ist. Sie sprachen nicht von ihren Geschäften; vielmehr habe ich höchst poetische Worte aus ihrem Munde vernommen und wurde wieder an den Zauber Turins erinnert. Hier handelt es sich ganz einfach nur darum, glücklich zu sein, und zwar nach den Regeln einer beachtlich hohen Lebenskunst. Selbstverständlich muß man ein begeisterungsfähiges Gemüt haben. Niemand hat sich auch nur eine Minute an diesem Abend gelangweilt, obschon es keinerlei Vorführungen gab. Wir saßen unter den Arkaden des Corso Zanardelli, der genau hundert Meter lang und knapp fünfzehn Meter breit ist. Die Bezeichnung ›Corso‹ könnte mißverstanden werden. Es handelt sich hier, wie ich erst später feststellte, ganz einfach um das historische Renaissancezentrum der alten Stadt Brescia, die zwischen den ›modernen‹ Straßen, der Via dei Patrioti, der Via dei Mille, der Via Pusterla und dem Hügel des Castells liegt. Es war und ist immer noch ein Corso von sehr beschränktem Umfang, ein kleiner Befestigungscorso. Von hier aus bis zu den Stadtmauern, wo jetzt die Via dei Patrioti läuft, sind es kaum zweihundert Meter; aber innerhalb ihrer liegen die alten Dächer, der Uhrturm und die Jesuitenkirche, die ich von meinem Hotelzimmer aus sehen kann. Hätte man diesen Corso breiter angelegt, so wäre er nur unnötig dem feindlichen Feuer ausgesetzt gewesen. Die Arkaden, unter denen sich nebeneinander die beiden Caféterrassen befinden, wo wir diesen so genußreichen Abend verbrachten, haben nicht die Eleganz der Turiner Arkaden. Sie sind niedrig und untersetzt und ähneln den Gewölben von Gebirgsställen. In ihrem Schutz überkommt einen leicht die heitere Genügsamkeit der Feldmaus, die ihre kleine Nase nur eben aus ihrem Schlupfloch heraussteckt. Das ist eine der unerläßlichen Bedingungen des Traumreiches und verleiht das Recht, sich jeglicher Courtoisie zu enthalten. Infolgedessen kann auch von Liebe nicht die Rede sein (höchstens in einem ganz anderen als dem gewöhnlichen Sinn). Obwohl sieben oder acht hübsche Frauen anwesend waren, habe ich doch von keiner Seite lüsterne Blicke oder Sirupstimmen bemerkt. Alle Männer schienen emsig mit ihren kleinen Zigarren beschäftigt zu sein, deren bloßer Duft genügt, jeden leichtfertigen Gedanken zu verscheuchen. Verschiedene Zigarrenpäckchen lagen auf den Tischen; und ich sah, wie einige Frauen (die durchaus nicht häßlich waren) um ein paar Züge aus einer angezündeten Zigarre baten, wofür jedermann Verständnis hatte. Ich glaube, es gibt nichts, was man hier auf dieser Terrasse nicht begreifen könnte! Es ist ein Ort ohne die kleinste Spur von Eitelkeit.

Ich zähle genau die harmonischen Schläge der Turmuhr, nachdem ich das Einschlafen hinausgezögert habe, um die Stille Brescias zu genießen. Es geht in dieser Nacht auch ein leichter Wind, den man über die Hügel kommen hört.

Schon sehr früh stehe ich auf, lasse Elise weiterschlafen und gehe allein in die Stadt. Um sechs Uhr morgens fällt das schüchterne strohgelbe Sonnenlicht so schräg auf den Corso Zanardelli, daß es die ganze Galerie unter den Arkaden erleuchtet.

Das Café, auf dessen Terrasse wir gestern abend saßen, besitzt eine besonders hübsche Kaffeemaschine, die von einer reizenden jungen Frau bedient wird. Sie sagt mir, der Bäcker habe die Hörnchen noch nicht geschickt; der *Signor Cavaliere* (wie sie mich schmeichelhafterweise nennt) müsse sich noch einen Augenblick gedulden.

Eine andere junge Frau, die an einem Büffet Kuchen verkauft, kommt herbeigeeilt; und beide kokettieren ein wenig, um mir die Zeit zu vertreiben. Ich beglückwünsche sie zu ihrer prachtvollen Kaffeemaschine, die sie sofort für mich in Tätigkeit setzen. Dabei erhebt sich aber ein solches Wallen, Sieden, Brausen und Zischen, daß wir es alle drei mit der Angst bekommen. Der Sägemehl streuende Kellner kommt und stellt die Ordnung wieder her; das heißt, er gibt der Unordnung einen tieferen Sinn. Er erklärt mir, daß dieser Apparat nicht nur dazu da sei, zu zischen und zu spucken, sondern daß er, richtig gehandhabt, sieben oder acht verschiedene Kaffeearten produziere. Er gibt mir zu verstehen, daß dies seine ganz besondere Spezialität sei. Die beiden Frauen bestreiten das und machen mich zum Richter. Wir beschließen, den jungen Mann sogleich auf die Probe zu stellen, was ihm durchaus recht ist. Vier Tassen werden auf die Theke gesetzt; denn augenscheinlich sind wir zu viert in diese entschieden ernst zu nehmende Angelegenheit verwikkelt. Nach dem ersten und, wie mir scheint, sehr geschickten Handgriff laufen die Tassen voll bis zum Rand. Der Kellner fragt mich, wie ich den Kaffee finde. Ausgezeichnet! Triumphierend wendet er sich an die Damen. Sie bestätigen, daß der Kaffee vorzüglich sei, was niemanden wundert, da jeder weiß, daß hier der beste Kaffee von ganz Brescia zubereitet wird. Trotzdem werden wir Augenzeugen einer zweiten Manipulation, die mich, wie ich gestehe, denn doch ein wenig verblüfft. Es gilt nämlich, zugleich einen Deckel abzuheben, einen Hebel herunterzudrücken, ein Rad zu drehen, einen Hahn zu schließen und einen energischen Faustschlag gegen ein bestimmtes Pedal zu führen. Die Maschine wiehert und bockt wie ein Streitroß. Die jungen Frauen treten beiseite. Der Kellner beruhigt sie mit einem wohlmeinenden Lächeln und gibt mit der Stimme eines schlachtgewohnten Generals Anweisung, die Tassen näher zu rücken, die sich zum zweiten Mal bis an den Rand füllen. Ein ausgezeichneter Kaffee! Aber nein, nein; man zeigt auf einen leichten bräunlichen Rand in der Tasse und ergeht sich in einer lebhaften, mit technischen Ausdrücken gespickten Unterhaltung, bei der ich mich mit einer stummen Statistenrolle begnügen muß. Die jungen Damen geben sich eindeutig für geschlagen, während der Kellner jenen bescheidenen Triumph davonträgt, der für denjenigen, der nicht triumphiert, so schwer erträglich ist. Ein Gast in einem langen braunen Regenmantel tritt ein. Auch er soll sein Urteil abgeben. Er verfügt über ein mindestens ebenso vollständiges technisches Vokabular wie die drei Spezialisten. Er entdeckt in jenem bräunlichen Rand die Spuren jener kostbaren ätherischen Öle, die, wie er uns und insbesondere mir durch Zungenschnalzen zu erklären sucht, den eigentlichen Wohlgeschmack des Kaffees ausmachen. Seine ganze Haltung drückt die zuversichtliche Hoffnung aus, daß uns diese Feinheit nicht entgangen sei. Ein großer Augenblick! den der Regenmantelmann dazu benutzt, um einen winzigen, drei Monate alten Hund buchstäblich aus seiner Brust zu ziehen. Noch niemals haben die Damen so etwas erlebt! Ich bewundere die Augen der ›Maschinistin‹, die feurig und leidenschaftlich blitzen. Sie gurrt und schnurrt und macht sich in kleinen Schreien Luft, die so zärtlich sind, daß ich mir fast indiskret vorkomme. Hier tut niemand sich Zwang an, und niemand scheut davor zurück, sein Entzücken offen zu zeigen. Damit das kleine Vieh keine kalten Füße auf dem Zink bekommt, hat man es auf einen Spielteppich gesetzt. Die ›Maschinistin‹ drückt es liebevoll an ihr Gesicht. Es ist ein spanisches Wachtelhündchen, das sein Leben lang traurig sein wird. Auch jetzt gelingt es niemandem, es zu erheitern, obwohl alle sich vor Zärtlichkeit umbringen. Von allen Seiten wird es liebkost, sogar von den zwei oder drei hinzugekommenen Gästen.

Der Bäcker erscheint mit seinen Hörnchen. Man hat

mir inzwischen über die Eltern des Hündchens einen ganzen Roman erzählt und spricht jetzt von seiner Zukunft, als handle es sich um ein Fürstenkind. Zum Schluß trinkt jeder seinen Milchkaffee und ißt sein Hörnchen und lächelt weise vor sich hin.

Muß ich ausdrücklich erwähnen, daß ich nicht hierhergekommen bin, um Italien kennenzulernen, sondern um glücklich zu sein? Ich bin es, und ich fühle mich von ganzem Herzen wohl bei diesen Leuten, die sich niemals für die Krone der Schöpfung halten und sich viel weniger wichtig nehmen als etwa die kalten Engländer. Eitelkeit ist mir unbehaglich. Ich kann über sie nicht lachen und habe erlebt, daß sie in ihrer Verworfenheit auch vor einem Verbrechen nicht halt macht. Selbst in der harmlosesten Form ist sie jederzeit bereit, den Freund zu verraten. Ein eitler Mensch läßt mich verstummen; ich versteife mich in meinem Schweigen, statt ihm etwas zu erwidern, was doch so leicht wäre. Ich gebe mich geschlagen und schweige oder gehe fort; aber meine gute Stimmung ist dahin. Als ich noch jung war, verlor ich bereitwillig mit solchen Leuten meine Zeit; jetzt brauche ich meine Geduld für bessere Dinge, obschon ich keineswegs sauertöpfisch geworden bin. In einer Gesellschaft wie dieser hier in dem kleinen Café von Brescia greift die Leichtigkeit, mit der die Leute fast hemmungslos und ohne irgendeine Gottheit anzurufen, das Leben genießen, auch auf mich über. Die Männer und Frauen, die noch eben mit der Nickelmaschine und mit dem kleinen Hund spielten, haben sicherlich mörderische Leidenschaften; aber ich weiß auch, daß ich von ähnlichen Leidenschaften heimgesucht werden kann, ohne meine

Selbstachtung zu verlieren, was jedoch bei Ausbrüchen der Eitelkeit, und wären sie noch so harmlos, sicher der Fall sein würde.

Beim Friseur, zu dem ich dann gegangen bin, sprach man von einem politischen Mord, der gerade in Vicenza vor Gericht verhandelt wurde. Eine ›Illustrierte‹ brachte die Fotos verschiedener Zeugen. Mein Sesselnachbar, der sich für diese Angelegenheit interessierte, war, soweit ich verstand, ein Bauer aus der Umgegend, der zum Markt nach Brescia gefahren war. Er ließ sich die Haare schneiden und benutzte diese Gelegenheit, um einen Blick in die Zeitschriften zu werfen. »Diesen Leuten möchte ich nichts schuldig sein«, sagte er angesichts der verschiedenen Fotos. Der Friseur ermahnte ihn, vorsichtiger zu sprechen, und ließ zur Warnung die Schere an seinem Ohr klappern. Da ich Ausländer bin, warf mir der Bauer mißtrauische Blikke zu, bis zu dem Augenblick, wo ich absichtlich einen langen französischen Satz von mir gab. Obschon mein Kopf auf der Lehne des Sessels lag, versuchte ich, während man mir den Hals rasierte, einen Blick auf das Bild zu werfen, das er sich gerade ansah. Es zeigte ein haßerfülltes und listiges Gesicht, das alle Züge der völligen Entartung zu tragen schien. Alle Leute interessieren sich offenbar leidenschaftlich für diesen Prozeß von Vicenza, in den einige sogenannte Patrioten verwickelt sind und in dem gewisse Greueltaten abgeurteilt werden, die nichts Patriotisches an sich haben.

Die Via Mazzini zweigt vom Corso Zanardelli ab und steigt zu einem Tunnel an, der unter dem Schloßhügel hindurchführt. Um 1832 war Mazzini für meinen Großvater der Gott, der gutes oder schlechtes

Wetter machte. Während seiner zweijährigen Verbannung aus Piemont blieb Mazzini mit allen *carbonari,* denen das wilde Leben gefiel, in Verbindung. Jean Baptiste Giono machte auf die liebenswürdigste Weise einige Leute in der Gegend von Pinerolo einen Kopf kürzer zu Ehren des Verbannten und in Ausführung gewisser vorgefaßter Pläne. Diesmal aber wurde er noch nicht *in contumaciam* zum Tode verurteilt. Die Schritte, die man gegen die sardinische Regierung unternahm, wurden durch die Teilnahme der ganzen Bevölkerung geschützt, welche die Ehre nur auf dem jenseitigen Ufer eines Blutstroms sah. Übrigens waren diese Opfer alle mehr oder minder Polizeispitzel. Jedenfalls deutet mein Großvater das (ohne es gradenwegs zu behaupten) in dem kleinen ›schwarzen Heft‹ an, in dem er über seine revolutionäre Tätigkeit Rechenschaft ablegt.

Wenn man die Via Mazzini verläßt und nach links in die Via Carlo Cattaneo einbiegt, kommt man zum Palazzo Broletto, zur Torre del Popolo und zur Loggia delle Gride. Die rückwärtige Fassade des Palazzo, die an einer schmalen, nicht für Zeremonien bestimmten Straße liegt, erweckt in mir sogleich einige jener trüben Gedanken, ohne die ein schöner heller Morgen nicht vollkommen wäre. Ich betrete den Hof des Palazzo; und hier bin ich mehr als zwanzig Minuten lang vollkommen glücklich, wie neulich abends in Turin, nämlich ohne besonderen Grund. An diesem Ort ›erwischt‹ man das Glück wie anderswo den Schnupfen. Es gibt hier gar nichts Außergewöhnliches zu sehen, außer eben den Hof eines mittelalterlichen Palastes, über den um diese Stunde ein paar moderne

Arbeiter in die Fabrik und ein paar Hausfrauen auf den Markt gehen.

Ich spaziere auf dem völlig verlassenen Domplatz auf und ab. Der Duomo Vecchio ist ein sehr schöner romanischer Bau. Die kriegerische Architektur des Mittelalters (*rocca, castello* und waldverlorene Bastionen) sowie die politische Architektur der Renaissance (Paläste und Balkons, wo abwechselnd gehängt und geredet wurde) berührt und begeistert mich mehr als die religiöse Architektur des zehnten, elften und zwölften Jahrhunderts. Ich weiß natürlich wie jeder andere die Schönheit eines romanischen Bogens zu schätzen. Aber diese Kunst liegt mir weniger, und vor allem glaube ich weder, daß alles in ihr enthalten ist, noch daß alles sich in dieser Weise ausdrücken läßt. Ich bestreite nicht die Größe dieser Kunst; ich weiß, daß man sie am besten sozusagen ›auf Anhieb‹ begreift, und dann, wie mich dünkt, sogar besonders leicht. Etwa im Jahr 1930 habe ich Rastelli jonglieren sehen und habe zu wiederholten Malen in den Kulissen des *Cirque d'Hiver* oder des *Médrano* mit ihm gesprochen – ich entsinne mich nicht mehr genau, wo es war. Wer ihn ebenso gut gekannt hat wie ich, weiß, daß er der beste Jongleur der ganzen Welt war. »Dies ist eine Kunst«, sagte er lachend, »bei der man keine Sekunde verlieren darf.« Er übte mit kleinen leuchtenden Bällen und erreichte eine unwahrscheinliche Genauigkeit aller Bewegungen. Die Bahnen, welche diese Bälle auf dem Wege von einer in die andere Hand beschrieben, waren makellose romanische Bögen. Auch in der romanischen Kunst darf man keine Sekunde verlieren. Ich aber habe Zeit; und die Zeit, die ich verliere, genieße ich am meisten. Das Detail einer Sache, das Tagesgeschehen, der Fehltritt – das alles hat für mich einen hohen Reiz und erteilt mir eine Lehre, auf die ich keinesfalls verzichten will. Ich bin durchaus imstande, in der Wüste zu meditieren. Jedesmal, wenn ich ins Gefängnis komme, gefällt es mir dort ungewöhnlich gut; und ich begreife die Menschen, die nach dem Kloster verlangen; aber ebenso liebe ich das Leben mit seinen Schwierigkeiten. Ich habe mir alle Mühe gegeben, die Welt zu beschreiben – nicht so, wie sie wirklich ist, sondern so, wie sie ist, wenn ich mich selber hinzufüge, wodurch sie gewiß nicht einfacher wird. Ich bin dabei, wie mir scheint, nicht ohne Vorsicht zu Werke gegangen. Ich stelle meine Entdeckungen einander gegenüber. Ich jongliere nicht.

Dies sind so ungefähr meine Gedanken, während ich in aller Frühe vor den beiden Domen von Brescia, dem alten und dem neuen, auf und ab gehe. Der neue Dom (der 1604 begonnen wurde) ist nicht gerade schön. Aber so wie er ist, gefällt er mir in dieser Morgenstimmung. Eine halbe Stunde lang gehe ich dort hin und her und vergesse, daß ich ein Fremder bin. Ich stelle mir vor, daß ich in Brescia wohne und vor der Arbeit ein wenig frische Luft schnappe; daß meine Bibliothek und mein Tisch sich in der zweiten Etage eines schönen Hauses befinden, in dessen Fenster das sanfte Sonnenlicht hineinscheint. Hinter den Gardinen eines kleinen Cafés steht ein Serviermädchen und läßt mich nicht aus den Augen. Sie fragt sich, worauf ich eigentlich warte oder was ich suche.

Auf diesem Platz gibt es zwei hübsche Fontänen. Die eine von ihnen heißt Brescia Guerriera. Der General Govone hat mir viel von dem kriegerischen Geist Brescias erzählt. Ich hatte es längst vergessen; aber plötzlich steht dieser Geist in Bronze (in Marmor oder in Zink) vor mir in Gestalt einer helmtragenden, dabei angenehm üppigen Pallas Athene. Ich muß an Tiresias denken, dessen Tochter eine berühmte Stadt fünfzig Kilometer südlich von hier gegründet hat.

Das ganze Stadtviertel neben dem Castello hat etwas Zärtliches und ungemein Menschliches. In den kleinen Werkstätten hobeln die Tischler an ihren Brettern, singen die Schuster und feilen die Schlosser ihr Eisen so behutsam, daß es wie Meisengezwitscher klingt. Die Hausfrauen plaudern an den Türen; eine von ihnen fegt die Straße, die mit Ziegeln gepflastert ist. Ein kleiner Buxbaumgarten umgibt die Statue eines jungen bäurischen Soldaten, der einen jener großen Filzhüte auf dem Kopf hat, wie mein Großvater sie gern trug. Ich habe mich auf eine Bank neben die Fontäne gesetzt; und nun kommen die Leute ihr Wasser holen, um mich genau zu betrachten. Sehr bald spielen alle für mich eine durchsichtige Komödie: die Galanterien, die die Handwerker mit betont lauter Stimme den Frauen darbringen, sollen mich überzeugen, daß man nirgends auf der Welt so friedlich und glücklich lebt wie hier. Im Gegensatz zu den Völkern des Nordens weiß der Italiener genau, wann er glücklich ist, und will auch sogleich andere zu seinem Glück bekehren. Das erklärt auch seine Emphase, die bei raffinierteren und schon als Kinder an abwägende Überlegungen gewöhnten Menschen durchaus unerklärlich bleiben müßte. Eine ähnliche Emphase hat auch den Hutrand des braven Bronzesoldaten so kühn zurückgeschlagen.

Es bedeutet, daß man seine egoistische Leidenschaft in Kämpfen für die Freiheit beschwichtigt.

Es gibt in diesem Stadtviertel vier oder fünf Marmortafeln, die in Augenhöhe in die Mauern eingelassen sind. Sie sind bedeckt mit zärtlichen Inschriften. Wie glücklich müssen die Leute dieses Viertels sein – glücklich in dem Sinne, wie es die *romanischen* Jahrhunderte waren und wie es so viele Inschriften und Zeichnungen bestätigen. Die hübschesten Inschriften befinden sich in einem Gäßchen, das zum Castello hinaufführt. Mitten in der Stadt überrascht einen diese kleine Straße – ein richtiger Landweg – aufs beglückendste. Efeu, Moos und Bibernell bedecken die Gartenmauern, hinter denen japanische Sträucher, Linden und immergrüne Eichen wachsen. Der Weg ist mit Ziegelsteinen gepflastert, die ein Margueritenmuster bilden. Er wird von mehreren Bürgerhäusern eingesäumt, die man auf den Festungsmauern einer früheren Bastion erbaut hat. Die Häuser haben zum Teil gelackte Eichentüren und meistens sehr hübsche Fenster. Drinnen wird Klavier gespielt; keine trockenen Übungen, sondern brillante Passagen. Ich kann mir das Vergnügen nicht versagen, die Inschrift zu übersetzen:

»Am 1. April des Jahres 1849 wechselte, der entfesselten Hoffnungslosigkeit zum Trotz, Padre Maurizio Malverti in dieser mit Leichen bedeckten Straße mit dem rachesüchtigen Feinde milde Worte der Versöhnung. Er hoffte, diese grausamen Seelen zu besänftigen.«

Ich habe kein einziges Adjektiv hinzugefügt.

Es gibt noch andere ›lapidare‹ Inschriften in diesem Stadtviertel:

»Von diesem mit Rauch und Tumult erfüllten Platz verjagten in den Jahren 1565 und 1869 die Bürger dieser Stadt den grimmigen Feind.«

»Hier, am 21. März 1849, schlug das heroische Volk ...« usw.

Ich bin zum Castello hinaufgestiegen. Von dort aus sieht man, was Brescia war und was es ist. Es war eine ärmliche, eng in ihre Festungsmauern zusammengedrängte Stadt. Ich stelle sie mir mit zehn- bis zwölftausend Einwohnern vor – eine ideale Zahl. Jetzt hat sie hundertundfünfzigtausend Einwohner, die in unzähligen bleichen Häusern wohnen. Obwohl das Morgenlicht hier immer und heute ganz besonders schön ist, bringt es das endlose Dächermeer doch nicht zum Leuchten, das sich jenseits der Via Fratelli Ugeni, der Via N. Tartaglia und der Via L. da Vinci ausdehnt. Der Anblick dieser öden Trostlosigkeit erschüttert mich. Ich möchte sie an allen vier Ecken anzünden. Das Ganze sieht so eintönig aus wie das Lager einer Ziegelfabrik. Hingegen blickt man vom Schloßhügel nach Nordosten und Norden in eine anmutige Hügellandschaft, wo Menschen wohnen, die es verstehen, Gärten anzulegen.

Die sonnigen Hänge sind von oben bis unten bedeckt mit lauter Steinterrassen, die ohne jeden Mörtel aufgebaut sind. Man hat dort einige Pinien stehen lassen, deren dunkles Grün mit dem Ocker der Erde und dem Silbergrau der Olivenbäume wunderbar zusammenstimmt. Weiter östlich, in Richtung auf Rezzato, liegen kahle Berge, auf denen ich große dunkelrote Buxbaumflächen zu erkennen glaube, die mich an die Berge von Lure erinnern. Es ist dieselbe fast tierhafte Form, dieselbe Farbe und auch dieselbe Art, sich gegen den Himmel abzuzeichnen. Im Süden in der Gegend von Mantua läßt die Sonne über den Sümpfen leichte Nebel aufsteigen.

Auf dem Wege zum Hotel, wo ich Elise abholen will, komme ich über die reizende, von Säulenhallen umgebene Piazza della Loggia. Ich bin immer noch im alten Brescia. Wenn man über die öden Ziegelflächen der Dächer hinweggeblickt hat, will man diese alten Stadtviertel nicht mehr verlassen. Unmittelbar neben meinem Lieblingscafé liegt unter den Arkaden des Corso Zanardelli das große Theater, das sich als solches nur durch ein paar völlig abgenutzte Stufen und eine Klostertür zu erkennen gibt. Das Ganze erinnert sehr an Casanova. Das Innere ist übrigens venezianisch und wirkt mit seinen viereckigen Logenöffnungen fast wie die Fensterfront einer Präfektur. Die Decke ist ein gemalter Himmel voller Wolken und allegorischer Gestalten. Es ist, oder besser, es war einmal ein in der ganzen Lombardei berühmtes Theater.

Man hat mir hier die Geschichte von Giuseppe Bottari erzählt, die von einer bestraften Liebe handelt, und zwar einer Liebe zum Volke: Er war ein Schüler von Gioberti. Mitten im Winter verläßt er im Jahre 1847 Genua. Er will sich nach Reggio d'Emilia begeben, wo es irgendwie gärt. Kurz vor Cremona schneiden die städtischen Wachpatrouillen ihm den Weg ab. Er weicht nach Norden aus, versucht aber ständig weiter nach Osten zu gelangen und verirrt sich dabei in den Sümpfen des Mincio. Er bringt verbotene Bücher unter die Leute: *Il primato morale e civile degli Italiani* von Gioberti; die Erinnerungen des Generals

Pepe; ein Geschichtsbuch von Colletta; *Degli ultimi casi di Romagna* von D'Azeglio und *Le Speranze d' Italia* von Balbo. Diese Ware läßt sich leicht absetzen, so daß er sich eine Zeitlang in den Schilfhütten um Volta verstecken kann. Er liest den Bauern vor, die übrigens alle fieberkrank sind und ihn wiederholt darum bitten, den Titel eines Generals anzunehmen und sie in die Schlacht zu führen. Er sagt sich: ›Die wollen mich verkaufen und machen mich vorher zum General, um mich so teuer wie möglich loszuschlagen.‹ Er bleibt weg, nicht ohne vorher gesehen zu haben, wie seine eifrigsten und jüngsten Anhänger auf geheimen Sumpfpfaden nach Goito verschwinden, wo es eine Polizeigarnison gibt. In Windeseile schwenkt er nach Brescia ab, wo er niemanden kennt. Diesen Weg legt er, ohne zu essen, in zwei Tagen zurück und kommt eines Nachts gegen zehn Uhr völlig entkräftet dort an. Die Malaria schüttelt ihn, aber er führt immer noch seine Bücher in einer schwarzen Tasche mit sich. Im Theater wird gerade eine Oper gegeben, die vorher in Neapel Aufsehen erregt hat. Die Musik ist sehr umstritten. Sogar aus Mailand sind die Leute gekommen, um sich ein Urteil zu bilden. Der einsame Corso Zanardelli und der Schatten seiner Arkaden verlocken Bottari, sich sogleich ein wenig auszuruhen, ohne zuvor für seine Sicherheit zu sorgen. Er setzt sich auf die bereits von mir erwähnten abgetretenen Stufen. Die Musik, die unter der Tür hervordringt, ist nicht schlecht. Es wird gerade der dritte Akt gespielt, und man singt eine höchst anmutige Cavatine. Bottari gibt sich seiner Müdigkeit und dem Genuß des Zuhörens hin. Die hinausströmenden Theaterbesucher überraschen ihn in dieser erschöpften Haltung. Seine letzten Abenteuer verleihen seiner Gestalt eine interessante Magerkeit; sein Auge leuchtet im Fieber, und sein schönes schwarzes Haar fällt ihm in Locken über die Stirn. (Späterhin wird man mehr als hundert Kilo von diesen Locken an junge Mädchen und sogar an romantische Frauen verkaufen.) In diesem Zustand, der natürlich allgemeines Mitleid erweckt – und vor allem bei Leuten, die gerade Musik gehört haben –, entdeckt ihn eine junge Frau. Sie spricht freundlich mit ihm; sie bemerkt, daß er mit den Zähnen klappert; sie berührt seine Hand, die glühend heiß ist: kurz, das Unvermeidliche geschieht. Aber dann kommt es anders, als man erwartet hätte. Ohne zu sehr aufzufallen, flüstert sie ihm zu: »Folgen Sie mir und warten Sie vor meinem Haus.« Was Bottari sich nicht zweimal sagen läßt. Endlich öffnet sich die Tür. Sie läßt ihn herein und fordert ihn auf, an einem Küchentisch Platz zu nehmen. Es gibt Schweinepastete und Wein. Von Galanterie ist nicht die Rede, wohl aber von Zärtlichkeit – die sich indessen zurückhält. Bottari ist sechsundzwanzig Jahre alt. Seine Wohltäterin gibt ihm ›weißes Wasser‹ gegen das Fieber, und schließlich kommt sogar eine schüchterne Unterhaltung zustande. Er nimmt sich in acht, keinen Lärm zu machen, und legt, wenn er sich ein Stück Brot abgeschnitten hat, das große Küchenmesser vorsichtig auf den Tisch. »Sie übertreiben«, sagt die junge Frau; »ich bin für vier Tage allein im Haus, mein Mann ist in Padua. Ich könnte Sie sogar, wenn Sie es wünschen, in einem kleinen Zimmer unterbringen, das allerdings, wie ich fürchte, zu bescheiden für Sie ist. Ich sehe, Sie sind ein

Mann von Stand, der Unglück gehabt hat.« Dieser banale Satz erinnert irgendwie an die Kleinstadt und an die Nähe der schwarzen Berge, die sich in einem See spiegeln. Bottari, der bisher noch nie jemanden getötet hat, ist ein wenig verwirrt und spricht von den verbotenen Büchern, die er unter die Leute bringt. Mit ausdrucksvollen Gesten sucht er seinen Gedanken über die Liebe zum Volk Nachdruck zu verleihen. Wenn man sich über seine Naivität wundert, so möge man nicht vergessen, wie lange Zeit er im Moor mit kropfkranken Verrätern verbracht hat. Diese schottische Gastfreundschaft geht ihm auf die Nerven. Während er sich die junge Frau näher ansieht, die so frisch und natürlich ist und nichts übertreibt, sagt er sich: ›Diese empfindsamen Wesen brauchen uns nicht als Retter; wie schade!‹ Im ganzen ist jetzt kaum eine halbe Stunde vergangen, seit er das Haus betreten hat; da hören sie plötzlich draußen einen Lärm, von dessen Echo die Straßen widerhallen. Gerade als Bottari ausgehungert und mit viel Speichel das erste Stück Schweinepastete hinuntergeschlungen hat, kommen zwei Gendarmen aus Goito auf dem Corso Zanardelli an; sie sind sehr aufgeregt, weil sie ganz allein durch eine Gegend galoppiert sind, die voll von höchst verdächtigen Schatten ist. Als sie den Sumpf hinter sich haben, kommen sie in eine erleuchtete Stadt, in der die Leute sich unter den Arkaden trotz der kalten Winternacht unterhalten. Die Gendarmen sind wütend, vor allem weil sie Angst gehabt haben. Sie treten sehr selbstsicher auf, zumal sie wichtige Befehle hinsichtlich eines Revolutionsgenerals mit sich führen. Man lacht. Sie werden heftig. Man stößt sie herum. Sie ziehen blank.

Ein Pistolenschuß fällt – und wirkt Wunder: Einer der Gendarmen sinkt tot um; der andere schlägt rechts und links um sich und läuft zur Kaserne. Gegen drei Uhr muß mit einer kleinen Kanone gefeuert werden, um das Peloton Soldaten zu befreien, das versucht hat, den Corso hinaufzumarschieren. Um acht Uhr morgens gehen die Dragoner von Bergamo gegen die Barrikade der Kirche San Francesco vor und nehmen sie im Sturm. Es ist die letzte. Fünf oder sechs Erdarbeiter werden gefangengenommen und auch Bottari, dessen schmale Hände allgemein auffallen. Man erschießt ihn nicht auf der Stelle, sondern sperrt ihn acht Tage lang ins Gefängnis. Man regt sich seinetwegen auf, aber nur um feurige Reden zu halten. Schließlich läßt man einen Bauern aus Volta kommen, der folgendes aussagt: »Es ist der General, der uns aus den Büchern vorgelesen hat.« Der Prozeß dauert sechs Monate. Dann erhebt sich ein allgemeines Wehklagen. Nach der Hinrichtung werden, wie gesagt, mehr als hundert Kilo kohlschwarze, nach Veilchen duftende Haarlocken verkauft, von denen ich eine bei der Enkelin jener liebenswürdigen Frau gesehen habe.

Ein ähnliches Abenteuer ist 1943 an derselben Stelle einem der achtzigtausend englischen Kriegsgefangenen zugestoßen, die nach dem Sturz von Mussolini durch Norditalien irrten. Aber der war ein nüchterner Mann; er wartete nicht auf das Schicksal; er entkam, und man hat seine Haare nicht verkauft.

Zehn Kilometer von Brescia sieht man von der Straße, die nach Peschiera führt, deutlich die Villa Ferraroli, eine der schönsten von ganz Italien, liegen. Trotz des strahlend heiteren Himmels muß ich an Poe denken. Die Villa Ferraroli spricht eine sehr ernste Sprache. Sie liegt an der steilabfallenden Seite eines Hügels, der ganz mit Steineichen bewachsen ist. Die Blätter dieser Bäume sind fast schwarz; dieser Eindruck wird noch verstärkt durch einige schnurgerade Reihen sehr schöner dunkler Zypressen, die eine mehr als hundert Meter breite und dreihundert Meter lange Treppe einrahmen. Sie sieht aus der Ferne wie eine Leiter aus; ich kann aber nicht erkennen, ob sie aus Marmor ist. Anscheinend hat man einen Stein gewählt, dessen mattes Weiß mit dem Schwarzgrün der Blätter einen überaus kostbaren Kontrast bildet. Die Villa liegt oben am Ende dieser Leiter, die somit nicht zum Galgen führt, sondern zu einem reizenden Landsitz im Stil des siebzehnten Jahrhunderts. Die Architekten dieses Landes waren Philosophen.

Die Umgebung der Villa Ferraroli und die kleine Stadt Rezzato sind wie von Poussin gemalt. Es gibt hier sehr schöne rostrote, fast purpurfarbene und mit Säulenhallen versehene Bauernhöfe, die oben auf dem Hügel zwischen den Steineichen liegen. Fast alles, was in Stein erbaut ist, hat etwas Heiliges. Und nie habe ich eine so stattliche Fahne gesehen wie das einfache gewaschene Bettuch, das hier in einem Fenster von Rezzato zum Trocknen hängt.

Nähert man sich Lonato, so hat man den Eindruck, daß man das Land schon kennt. Die Straße windet sich durch struppiges, mit giftgrünem Schilf bewachsenes Land, das hin und wieder den Blick auf die rötliche Erde der Äcker freigibt. Über die Querwege kommen Wagen, die von Ochsen mit großen Hörnern gezogen werden. Stellenweise wachsen die Apfelbäume so dicht, daß sie richtige Wäldchen bilden. Die Beete mit Bohnen, Erbsen, Salat und Kohl ziehen sich an Wiesen und Stoppelfeldern entlang, die nicht viel größer sind als Taschentücher, sich aber unendlich oft wiederholen, wie die Quadrate eines Schachbretts. Man sieht, daß die Höfe von drei bis vier Menschen – nicht mehr – bewirtschaftet werden. Ein Maulbeerbaum spendet Schatten. Eine Weinlaube. Auberginen und Türkenkürbisse trocknen auf einer kleinen Mauer. Ein Teller mit fünf oder sechs Tomaten. Eine gelbe Melone. Die Weinflaschen werden in den Bewässerungskanälen gekühlt. Es ist die Landschaft der *Georgica*. Mantua liegt zwanzig Kilometer weiter südlich. Lonato mit seinen mittelalterlichen und Renaissancebauten ist ganz von Gärten umgeben.

Hinter Lonato sieht man über die Felder hinweg den Gardasee leuchten. Zunächst denkt man (wenigstens ich), daß dieser See überflüssig ist. Er bringt etwas Gewöhnliches in die Landschaft mit seinen kleinen und großen Restaurants und seinen Gartencafés mit Sonnenschirmen.

Aber wenn man Desenzano verläßt, erweitert sich der See. Man fährt an grünbewachsenen Ufern entlang. Die Luft riecht nach Fisch, was eher angenehm ist. Das Wasser, sobald es sich über mehrere Quadratkilometer ausdehnt, zieht unwiderstehlich die Mittelmäßigkeit an seine Ufer. Man kann dem Gardasee so wenig wie dem Meer eine gewisse Großartigkeit absprechen. Es gibt hier zwar kein Jod, dafür aber streicht der Wind ungehindert über die nackte weite Fläche. Für diejenigen, die sich die Freiheit in keiner Form vorstellen können, halten die großen Seen und das Meer so etwas wie eine Denkvorlage bereit. In dieser Rangordnung ist der See dem Meer sogar noch ein wenig überlegen: er ist irgendwie intellektueller. Catull und Carducci haben an diesem See gewohnt. Cangrande (der Windhund) ließ hier ein Schloß bauen, in dem Dante gewohnt hat. Sie hielten sich gern in Grotten auf oder auf den dekorativen Felsen am äußersten Ende der Halbinsel von Sirmione. Ich spreche von Carducci; aber auch Dante liebte Theatralik. Auf dem gegenüberliegenden Ufer gründete Mussolini nach seinem Sturz die zänkische und blutleere Republik von Salò. Ich habe schon oft bemerkt, daß ausgedehnte Wasserflächen ein milchiges Licht reflektieren, das zu Träumen und Phantastereien anregt. Die Mailänder Stenotypistinnen fahren hier leicht bekleidet Wasser-Velo mit ihren Chefs.

Wir kommen nach Peschiera, das uns nicht weiter überrascht. Es ist eine der stärksten italienischen Festungen, die einen der Eckpfeiler des berühmten lombardischen Festungsvierecks bildet. Das Ganze sieht wie eine schön geschnitzte Schachfigur aus. Der Rasen des Festungswalls ist genauso gepflegt wie ein Rasen in Oxfort, der Graben ist ein *canaletto*. Die Zugbrücke stöhnt unter unserem kleinen Wagen, bevor das Festungsmaul ihn verschluckt. Im Innern ist alles winzig außer den Dingen, *die Krieg spielen*. Die Häuser und Läden sind so eng, daß man einen Einwohner von Peschiera noch bei den Antipoden erkennen würde, weil er keine ausladende Geste zu machen wagt und sich umblickt, ob hinter seinem Ellbogen auch genügend Platz ist, ehe er sein Taschentuch herauszieht. Eine bemerkenswerte Einzelheit: die Postkarten sind hier einen halben Zentimeter kleiner als anderswo. So kann man noch in einem Kramladen tieferen Zusammenhängen auf die Spur kommen. Aber wir müssen uns jetzt die Befestigungswerke ansehen.

Diese Befestigungswerke sind wirklich bewundernswert, und man tut gut, ihretwegen die Erinnerungen des General Govone zu lesen.

Am 10. April 1848 wird Govone, damals Leutnant in der Brigade Bes, die das von dem alten österreichischen General Rath verteidigte Peschiera belagert, als Parlamentär abgesandt. Er fordert die Festung zur Übergabe auf, womit er einer bloßen ritterlichen Geste genügt. Man will dem Kommandanten der Garnison wenigstens Gelegenheit geben zu erwidern, daß er ein braver alter Soldat sei, der seinen guten Ruf nicht noch zu guter Letzt ruinieren wolle. Rath läßt denn auch diese Gelegenheit nicht ungenutzt vorübergehen und hält außerdem eine kleine Ansprache über das wechselnde Kriegsglück. Lassen wir jetzt Govone selber zu Worte kommen.

»Ich bestieg wieder mein schönes preußisches Pferd; es ging ein sanfter und frischer Wind; im Osten erschien die Sonne; ich war in verliebter Stimmung. Die Erinnerung an meine Liebe zu diesem fremden und schönen Land, das ich zum ersten Mal sah; die hochfliegenden Erwartungen eines Feldzugs, der einen so guten Anfang nahm; der Traum, daß ich vielleicht im Kampf mit dem Feind ein wenig Ruhm davontragen könnte und daß die Kunde hiervon bis an das Ohr meiner Eltern und meiner Braut dringen würde: alles bewegte mich in diesem Augenblick so tief, daß ich für diese Träumereien nicht einmal das Leben eines friedfertigen sybaritischen Königs hätte eintauschen mögen.

Als der General Bes die abschlägige Antwort des Generals Rath erhielt, auf die er eigentlich doch nicht gefaßt war, schrieb er sofort und recht enttäuscht an das Hauptquartier, daß die Festung Widerstand leisten wolle; man solle keinen Augenblick mehr verlieren und ihm sofort Geschütze schwersten Kalibers schicken.

Am 13. April konnten unsere Batterien bei Tagesanbruch das Feuer auf Peschiera eröffnen. Inzwischen hatte der König, der großen Wert darauf legte, den Ruhm und die Gefahren der Armee zu teilen, den Befehl gegeben, mit dem Angriff bis zu seinem Eintreffen zu warten.

Ich brach im Galopp auf. In Monzambano schrieb ich an den General Franzini einen Brief und ließ ihm denselben durch einen Husaren zustellen, der sofort nach Volta galoppierte. Wenige Minuten später brach ich jedoch selber nach Volta auf und kam in dem gleichen Augenblick dort an, als der Husar den Brief übergab. Signor Salasco und Signor Franzini, die ich als erste traf, sagten mir, daß der General de Bormida und der Herzog von Genua schon aufgebrochen seien, um den Befehl zur Eröffnung des Feuers zu überbringen; daß der König gerade sein Pferd bestiegen habe, um sich nach Peschiera zu begeben, und daß man mich mit der Begleitung betraue. Ich brannte vor Ungeduld, ins Feuer zu kommen und wollte den König auf der Hauptstraße dorthin führen.

Sobald wir in Ponti angelangt waren, verließ ich das

Hauptquartier ohne ein Wort. Unsere Batterien hatten den Angriff noch nicht begonnen, und ich beeilte mich, dem General Bes zu melden, der König sei in Ponti eingetroffen und habe die Erlaubnis gegeben, das Feuer zu eröffnen.

Vierzehn schwere Kanonen spien fünf Stunden lang einen Hagel von Granaten und Kartätschen auf die Festung. General Bes ging von einer Batterie zur anderen und dann bis zu dem vorgeschobenen Posten, wo sich eine Kompanie Schweizer Freiwilliger befand. Er ermutigte alle durch sein Beispiel und seinen Zuspruch. Wir befanden uns in der Nähe dieser Kompanie, als der General Bes, der festgestellt hatte, daß alle unsere Kugeln in die Festungsmauern einschlugen, mir auftrug, die Artillerieoffiziere davon zu verständigen.

Zwei Wege standen mir zur Verfügung: der eine gedeckt und geschützt, der andere gradlinig und kürzer, aber völlig im Blickfeld des Feindes. Ich war so erregt von allem, was ich sah, daß ich mich auf dem kürzesten Weg zur ersten Batterie begab. Zwei oder drei Flinten- und Wallbüchsenkugeln pfiffen mir um die Ohren und fuhren wenige Schritte vor mir in den Boden. Ich war stolz, daß man diese Kugeln an mich verschwendete. Eine Bombe zersprang über meinem Kopf, riß einen Baum auseinander; und während die eine Hälfte zu Boden sank, riß ein Sprengstück die Erde unter den Hufen meines Pferdes auf, das erschreckt zur Seite sprang, sich aber gleich wieder beruhigte.

Nach einem fünfstündigen Feuer, das schließlich ein paar Kanonen des Forts Salvi zerstörte, begab sich der

König in die Cascina Recchiano, das Hauptquartier des Generals Bes. Als er den Hof betrat (wo er kurz Kriegsrat hielt und dann einen anderen Unterhändler in die Stadt zu schicken beschloß), flog eine Kugel durch das Tor und schlug dicht über dem Kopf des Königs in ein Fenster des Hauses.

Der Unterhändler brach auf. Es war der Hauptmann im Generalstab Baron de La Flèche. Er näherte sich der Festung mit einer weißen Fahne in der Hand. Da jedoch das Feuer fortgesetzt wurde und man sogar mit Kartätschen auf ihn schoß, kehrte er wieder um. Ich bat den General Franzini um die Erlaubnis, dorthin zu gehen; worauf er mir antwortete, daß das heller Wahnsinn sei.

Da der österreichische General nunmehr gezeigt hatte, daß er sich nicht ergeben wolle, befahl der König, das Feuer einzustellen, und sagte, daß wir uns nichts vorzuwerfen hätten; daß man die Festung nach den üblichen Regeln angegriffen habe und daß kein Anlaß bestehe, den Angriff fortzusetzen.«

Wir bekommen Appetit auf die gebratenen Fische, die auf der Speisekarte eines kleinen am Quai gelegenen Restaurants stehen, und setzen uns im Freien zu Tisch. Das Wasser des Sees dringt in die Festungsgräben und bildet dort kleine Binnenhäfen, in denen gondelförmige Barken schwimmen. Wir befinden uns am Eingang jener Wasserstraßen, die – wie Dante sagt – ›von schönen und starken Festungsmauern‹ flankiert werden. Der See atmet gleichsam durch diese Wasserarme und fächelt uns kühle Luft zu. Wir bestellen Weißwein, der aus Mantua kommt. Übrigens ist der Kanal in unserer Nähe der Mincio. Er hat sehr klares Wasser, und große Algen wachsen auf seinem Grund, an deren Bewegungen man sich nicht satt sehen kann.

Nach langem Warten serviert man uns ein erbärmliches Gericht. Es sind Weißfische, die man in ein Gefäß mit siedendem Öl getaucht hat (noch dazu Leinöl). Eigentlich ist die Kunst des Fischbratens überall ziemlich unbekannt, und nicht etwa nur in Peschiera. Man macht aus dem Fisch ein goldbraunes, knuspriges Etwas, statt das Fleisch zart und saftig zu erhalten. Hier ist mein Rezept: Sehr wenig Öl in die Pfanne (und zwar von Oliven!). Sobald es zu sieden beginnt, legt man den Fisch hinein, den man erst auf der einen Seite fertig brät, dann auf der andern. So bleibt er weiß, weich und saftig. Man serviert ihn mit dem Öl, das sich mit seinem Saft vollgesogen hat. Auf diese Weise wird sogar die Sardine ein Leckerbissen. Fische nehmen stets den Geschmack des Wassers an, in dem sie leben. Jeder Fluß hat seine Überraschungen. Kann man Schwarzwurzeln noch wiedererkennen, wenn sie in Rizinusöl gebacken sind? Ich kenne verschiedene Leute, die gewisse Fische wegen ihres Sumpfgeschmacks ablehnen. Sie haben recht, wenn man ihnen so einen Fisch nach Moder duftend und außerdem noch mit Erdnußöl zubereitet serviert. Übrigens kann selbst dieser modrige Geschmack seinen Reiz haben, wenn man die Fische so gründlich wäscht, daß nur ein Hauch von ihm übrig bleibt, und wenn sich vor allem der Saft der Fische mit ihm vermischt und das gesunde Aroma des unverfälschten Olivenöls hinzutritt. Man esse die so zubereiteten Fische im

Freien, wo die Luft selber einen leichten Fischgeschmack hat, und am Ufer des Sees, in dem diese Fische leben: es ist ein ganz unbeschreiblicher Genuß. Man sollte alles probieren. Kein Glück ohne eine gewisse Anstrengung. Man muß seine Erfahrungen und seine Phantasie sprechen lassen; dann ist der Lohn sicher. Der Fisch von Peschiera war nichts weiter als irgendein Mittel, um eine bestimmte Menge Öl (und dazu noch schlechtes), das seit einer Stunde auf dem Feuer siedete, von der Küche in meinen Mund zu bringen. Man hatte zahllose kleine Geschmacksfreuden, zahllose Gelegenheiten des Genießens und Bewunderns zerstört. Wie sinnlos zu fischen, wenn dies das traurige Ergebnis war – ein Ergebnis, das man auch mit einer Brotrinde oder einem als Fisch zugeschnittenen Schwamm hätte erreichen können.

Es wundert mich, daß Italiener so etwas zustande gebracht haben. Für gewöhnlich verstehen sie sich aufs Kochen. Unser Serviermädchen stammt zweifellos aus Peschiera, aber sie hat bestimmt nichts mit dem Kochen zu tun. Ich will mir mal die Küche ansehen. Auch dort sind alle aus Peschiera; aber jetzt weiß ich doch Bescheid: es sind zwar Italiener, aber Italiener, die Geld verdienen wollen.

Wir fühlen uns vollgestopft, ohne richtig gegessen zu haben. Sogar meine Pfeife ist traurig, das mag wohl mit der unwirklichen Beleuchtung dieser Nachmittagsstunde zusammenhängen. Der See ist kreidig weiß, und der Himmel auch. Man kann sich einer gewissen Beklemmung nicht entziehen. Vier hagere, magere, schwitzende Priester führen eine verstaubte Gruppe Waisenkinder auf den Quais spazieren; wo es nichts zu sehen gibt. Am Ende der Kolonne marschiert ein kleiner Junge mit einem zu großen Kopf, der ein kleines Mädchen an der Hand hält: zweifellos seine Schwester. Alle sind müde und schläfrig. Man müßte ihnen gut zureden und ihnen sagen, daß das alles wieder gut wird. Autobusse kommen an und setzen ganze Ladungen von Touristen ab, die alle gebratene Fische essen wollen.

Hinter Peschiera läuft die Straße durch dunstige Blumen- und Obstgärten. Sie liegen zwischen uns und den Sümpfen des Mincio, von wo die Nebel herüberkommen. Zu der Zeit, als Govone an dem Angriff auf Peschiera teilnahm, führten die Bauern dieser Gegend einen Raubkrieg gegen die Postkutschen und sogar gegen ganze Gruppen reisender Edelleute. Sie töteten aus Angst und vor allem aus Schüchternheit. »Wir verstehen nicht zu reden«, erklärten sie; »und was sollen wir einem gutgekleideten Herrn sagen, dem wir so unverschämt den Revolver auf die Brust setzen. Wie sollen wir ihm höflich klarmachen, daß wir gerne in Mantua Wein trinken wollen? Er wird uns antworten, daß ihn das nichts angeht. Wir stehen aber nicht gern mit offenem Munde da.« Später gab es dann höchst gewichtige Beichten, und im Anschluß daran die sonderbarsten Zusammenkünfte mit den Priestern, wo alles *ehrlich* erörtert wurde. »Verleiht uns die Gabe des Wortes«, sagten diese Leute, die im Beichtstuhl so gut gesprochen hatten. Kurzum, sie verlangten nach einer Lebensphilosophie.

Der Großvater eines meiner Freunde entging, wie es scheint, den Händen dieser Philosophen, indem er sich das Verhalten der Scheherazade zum Muster nahm.

Man hatte schon begonnen, an den eingerosteten Büchsenschlössern herumzufingern, als er ein paar Worte sagte, die den Beginn einer Geschichte vermuten ließen. Man setzte die Büchsen wieder ab, um die Fortsetzung zu erfahren; denn unsere schüchternen Bauern langweilten sich. Sie waren weniger darauf aus, zu plündern, als sich zu zerstreuen. Stellen wir uns diese Leute ohne Vorstellungskraft einmal vor: das Töten ist sicherlich eine hübsche Abwechslung für sie, zumal sie durchaus nicht dumm sind, wie ihr Gespräch mit dem Pfarrer beweist. Keiner von ihnen könnte einen Heiligen schnitzen; aber alle haben hundertmal eine Weide gesehen, die im Nebel sehr viel mehr als eine bloße Weide war und ihnen zu denken gab. Deswegen würfeln sie ums Glück und stellen sich mit ihrem Gewehr den Reisenden quer in den Weg, um zu sehen, was dabei herauskommt. Man begreift, daß sie sich gern Geschichten erzählen ließen. Sie töteten die Frauen ebenso wie die Männer, aber sie vergriffen sich nie an ihnen. Immerhin töteten sie einige sehr schöne Frauen, die gern mit sich hätten reden lassen.

Wir fahren nach Verona, um die Prinzessin von Trapezunt und den Pferdemarkt zu sehen. Erstere befindet sich in der Basilika Sant' Anastasia, letzterer offenbar überall. Man spricht von sechstausend Pferden. Antoine ist ein alter Reiter. Er war Kavallerieunteroffizier. Bei dem Durcheinander von 1940 ist er auf Nebenwegen ganz friedlich nach Haus geritten. Sechstausend Pferde auf einmal in einer Stadt zu sehen, ist für ihn eine aufregende Sache. Ich freue mich ebenfalls auf dies Erlebnis. Auch Julias Balkon wollen wir uns ansehen.

Antoines Fahrkunst, wenn er in eine unbekannte Stadt kommt, ist einfach bewunderswert. Ohne jedes Zögern steuert er nach rechts und nach links mit einer Sicherheit, die allen den Atem raubt, vor allem den Einheimischen. Als er aus Rigaste San Zeno herauskommt, biegt er nach rechts (während ich fest überzeugt bin, daß die Stadt jetzt links liegen muß) in eine breite und leere, aber sehr theatralische Straße ein. Es ist noch die Zeit der Mittagsruhe. Wiederum haben wir denselben Eindruck wie in Brescia, und diesmal sogar am hellichten Tag. Die niedrigen, einstöckigen Häuser sind so schnurgerade ausgerichtet und ihre Giebel so durch und durch ›italienisch‹; die Straßenperspektiven gleichen so haargenau den Abbildungen in den Lehrbüchern, die die Gesetze der Perspektive erläutern (sogar die Telefondrähte sehen aus wie mit dem Lineal gezogen); der Bewurf der Mauern ist so hell, und Licht und Schatten sind so scharf getrennt; die Mitte des Hintergrunds ist so glücklich betont durch ein modernes, dreifaches Portal im romanischen Stil, daß man fest überzeugt ist, eine Bühnendekoration vor sich zu haben. Weit und breit keine Menschenseele. Vermutlich finden heute keine Proben statt. Nur ein schöner weißer und zweifellos sehr intelligenter Windhund, dem man offenbar nicht Bescheid gesagt hat, ist zur Probe erschienen und läuft gelangweilt herum. Wir befinden uns auf dem Corso Palio und müssen umkehren. Selbstverständlich hatte ich recht: die Stadt liegt uns jetzt vor der Nase. Antoine meint, es sei ganz leicht, sich zurechtzufinden, wenn man einen Stadtplan hat; und ich besitze tatsächlich einen solchen Plan. Übrigens muß ich gestehen, daß das, was wir durch unsern Irrtum gesehen haben, wirklich der Mühe wert war. Ich hatte nur um der Wahrheit willen darauf aufmerksam machen wollen, daß Verona, als wir aus Rigaste San Zeno herausfuhren, sich zu unserer Linken befand. Antoine gibt das zu. Er hatte uns nur beweisen wollen, daß er ohne Karte, nur im Vertrauen auf seine Intuition, uns allerlei gezeigt hat, was sich lohnt. Außerdem findet er, daß es, da man doch eines Tages sterben muß, wohl der Mühe wert sei, vorher alle verbotenen Straßen gefahren zu sein und sich alles angesehen zu haben, was *nicht* im Führer steht. Ich finde das eigentlich auch. Trotzdem wäre es gar nicht so dumm, ein Amulett zu haben. Irgend eines. Schließlich befinden wir uns im Lande der Amulette. Das sollten wir ausnutzen.

Seit wir in Italien sind, haben wir noch keine Bilder – weder Ölbilder noch Fresken – gesehen. Die Landschaften waren nacheinander von Poussin, von Giambellino, von Giorgione, von Conegliano, von Bellini und sogar von Giotto und Tiepolo (ich denke an *Angelica e Medoro nella capanna dei pastori*). Wir haben Gestalten von Raffael (nicht von Michelangelo) auf der Straße gesehen, die aber moderne und elegante Kleider trugen und dazu einen surrealistischen Hut. Die Dörfer haben uns ihre Hähne und ihre Stilleben von Crivelli gezeigt. Ich gehe zum Castel Vecchio, um die Madonna von Stefano da Verona zu sehen. Sie sitzt in einem persischen Garten. Man kann sich dies kleine ›Pfaffengärtlein‹ nicht üppig genug vorstellen. Es ist schmal wie ein Sarkophag und wird von Mauern eingefaßt, an denen sich Efeu und Spalierobst emporranken. Ich kann keine Vorträge über Malerei halten – eine Kunst, die ich erst spät, wenn überhaupt, begriffen habe. Ich weiß, daß ein weißer stürmischer Himmel einem Sommernachmittag etwas Tragisches geben kann. Zwischen den Pflanzen des Madonnengärtchens warten fünf oder sechs winzige Engel – man weiß nicht recht, auf was. Sie sehen aus wie Spitzmäuse, die bei der kleinsten Bewegung fortlaufen werden. Das Kindchen auf den Knien der Madonna ist sehr niedlich, sehr rundlich und sehr vergnügt. Es hat das, was alle Mütter so lieben: Grübchen an den Ellenbogen und an den Knien. Im Vordergrund hält eine traurige Frauengestalt, die der Madonna in allen Zügen gleicht, einen Kranz von Immortellen in den Händen.

Es quält mich, daß ich, wenn ich über ein Bild spreche, so wenig von den Farben sagen kann, was doch das Wichtigste wäre. Ich kann zwar von rot, grün, blau und gelb reden – aber diese Worte vermitteln keine Anschauung. Ich habe festgestellt, daß gewitzigtere Leute sich dann mit Metaphern aus der Klemme ziehen, worauf alle Welt hereinfällt. Wer aber darf behaupten, ein Bild *gesehen* zu haben, wenn man es ihm mit Worten beschrieben hat? Es mit Gefühlen zu beschreiben (was zunächst ein Fortschritt zu sein scheint), stiftet letzten Endes nur Verwirrung. Um sich verständlich zu machen, muß man ein allgemeingültiges Alphabet zugrunde legen können. Beim Anblick der Madonna von Stefano muß ich an die blühenden Sommerwiesen des Monte Viso denken, die mir eine ähnliche Freude bereitet haben. Aber wer war zu genau der gleichen Stunde, bei genau der gleichen

Beleuchtung und in genau der gleichen Geistesverfassung, wie ich, am 6. Juli 1915 auf dem Monte Viso? Außerdem muß der Betreffende auch (wie ich) zwanzig Jahre alt und Soldat einer Kompanie des 159. Gebirgsinfanterieregiments sein – eine Kompanie, die von einem menschenfreundlichen Sergeanten kommandiert wird und gerade halt gemacht hat. Er muß (wie ich) mit einem Bärenhunger über sein Ölsardinenbrot herfallen und überhaupt gern Sardinen essen. Er muß wissen, daß er eine gute Stunde Zeit hat, seine müden Füße auszuruhen, und muß ferner wissen, daß noch ein ganzer Monat vergehen wird, ehe die Kompanie ins Feld rückt. Von dem Brief, den ich am Abend vorher von zu Hause erhalten hatte und in dem ein Scheck lag, will ich gar nicht reden. Ich hatte einen besonders netten Kameraden neben mir sitzen, und es war genau zehn Uhr. (Um halb elf war alles schon ganz anders; denn der Wein in meiner Feldflasche war beim Marschieren sauer geworden.)

Die Prinzessin von Trapezunt befindet sich hinten rechts in einer Ecke der Basilika Sant' Anastasia – aber so hoch oben in einem Gewölbebogen, daß ihr Anblick einem nicht das erwartete Vergnügen gewährt. Die Beschädigungen der Wand lassen überall den Perlmutterglanz des Mauerbewurfs und das fettige Rotbraun der Steine durch die reinen Farben hindurchscheinen, was dieser Freske einen besonderen Zauber verleiht. Zwischen all dem Gold schimmern einige Stellen rosig (wie gewisse Dächer der Stadt), oder veilchenfarben (wie der Himmel zwischen den Bäumen des Waldes), oder rot (wie die Decke unter einem Pferdesattel); und diese Reize erhöhen den Genuß, wie

Gewürznelken den Geschmack eines Gerichts – (vorausgesetzt, daß man Gewürznelken gern mag und daß sie zu jenem Gericht passen). Ich habe eine besondere Vorliebe für die Zeichnungen von Pisanello (Zeichnungen verstehe ich immer besser als Gemälde). Vier oder fünf Stiche nach der Prinzessin von Trapezunt dienen mir seit langem als Lesezeichen. Hier aber sehe ich das Gesicht in Farben: die hohe bretonische Stirn, die kräftige Nase, die sinnlichen, leicht verächtlichen Lippen, das wohlgeformte Ohr und den mächtigen Haarknoten, der in dem gleichen hellgelben Ton gemalt ist wie die goldschimmernden Berge des Hintergrunds. Das Gesicht hat die typische Hautfarbe einer Gefangenen, die man endlich befreit. Der heilige Georg auf der andern Seite des Pferdes ist fast ebenso blaß. Auch er hat keinen Tropfen Blut mehr in den Adern trotz seines grimmigen Mundes. Steigt er vom Pferd? Oder will er sich gerade in den Sattel schwingen? Nichts ist unverhüllter als das Gesicht der Prinzessin. Die Situation in dem grün-bronzenen Gehölz scheint sehr heikel. Um sich davon zu überzeugen, braucht man nur das Auge dieser Frau anzusehen – und ihre leicht verwischte Hand.

Jetzt müssen wir den Pferdemarkt finden. Die Straßen um Sant' Anastasia sind lustig ineinandergeschachtelt. Wir wollen einfach unserer Nase folgen; denn sechstausend Pferde muß man auch schon von weitem riechen. Nichts von alledem: nur der Duft einer südlichen Stadt bei Sonnenschein. Verona riecht nach reifen Melonen. Die einzigen Reiter, denen wir begegnen, sind jene braven Bürger, die rittlings auf ihren Stühlen vor der Tür sitzen und frische Luft schöpfen. Wir fragen sie nach dem Pferdemarkt. »Es gibt im Herbst keinen Pferdemarkt«, erklärt man uns lächelnd; »es gibt nur einen im März. Der andere wird in den Bahnhöfen und Hotels, in den Prospekten und Anschlägen nur für den Fall angezeigt, daß wir den Wunsch haben, noch einen zweiten Markt abzuhalten.« An diesem gewitterschwülen Herbsttag aber haben sie alle, vom Gemüsemarkt bis zum Castel Vecchio, vom Hause des Romeo bis zum Hause der Julia, nur einen Wunsch: die mittägliche Siesta so lange wie möglich auszudehnen.

Ich kann sie verstehen. Man darf nicht glauben, daß der Mann, der uns hier in der Via Trotta Auskunft gibt (offenbar ist es ein Uhrmacher; jedenfalls sitzt er in einem blauen Kittel vor seinem Uhrengeschäft), seine Siesta beendet hat. Er schläft im Sitzen und mit offenen Augen und spricht wie im Traum. Es fällt uns übrigens auf, daß die Zimmer in den südlichen Ländern, also auch die italienischen Zimmer (ich meine nicht die Hotelzimmer, sondern die privaten Wohn- und Schlafzimmer), ganz beliebig mit den nächsten besten Gegenständen – das Bett ausgenommen – möbliert sind. Oft gibt es nur ein Bett und einen Stuhl, oder ein Bett und einen Nachttisch, oder ein Bett und eine Vase. Ich kenne ein Schlafzimmer, wo es nur ein Bett gibt und einen von der Mitte der Decke herabhängenden Draht mit einer nackten elektrischen Birne. Es ist uns ebenfalls aufgefallen, daß sämtliche Zimmer *nach hinten liegen* und entweder auf einen Hof oder eine Sackgasse hinausgehen – niemals auf einen schönen Platz. Wozu auch? Man geht nicht in ein Zimmer, um einen schönen Blick zu haben oder um sich an einem

›schönen Möbel‹ zu freuen. (Wie würden hier die Italiener mit ihrem Sinn für Wortspiele lachen! Denn als ›schönes Möbel‹ bezeichnet man auch eine hübsche, aber dumme Frau.) Schlafen ist eines der wichtigsten Dinge, vor allem tagsüber! Das bedeutet Reichtum, Behagen und Größe. Nur ein *Herr* kann es sich erlauben, am Tage zu schlafen. Man grüßt ihn, man achtet ihn, und man fürchtet ihn. Nicht der aufgeregte Revolutionär macht Eindruck, sondern der mächtige Mann, der am Tage schläft und den niemand stören darf. Pisanello hätte seinen heiligen Georg in tiefem Schlaf malen sollen. Auch bei Ariost schlafen die Helden häufig. Ein Mann, der am Tage schläft (und man stelle ihn sich vor in dem Zimmer, wo es nur ein Bett und eine nackte Glühbirne gibt), ist ohne jede Frage ein *Held*. Er verachtet die Liebe und alle Freuden und Ausschweifungen, die er sich nicht selber verschaffen kann; er verachtet ›Krieg, Handel und Piraterie‹ und alle irdische Geltung, was offenbar große Macht oder großen Mut beweist. Auf alle Fälle ist er ein *Herr*.

Wir sind jetzt im unpolitischen Verona. Ich beginne wirklich an den großen herbstlichen Pferdemarkt zu glauben; nur scheinen es sehr viel mehr als jene sechstausend Pferde zu sein, die in den Bahnhöfen und Hotels, in den Prospekten und den Reiseführern angezeigt sind. Es gibt Tausende und Abertausende von Pferden, die durch das Gehirn der schlafenden Veronesen galoppieren. Übrigens denken wir gar nicht mehr an den Markt, sondern nur noch an das Vergnügen, lautlos durch die kühlen kleinen Straßen und an den Häusern mit den geschlossenen Läden entlang zu gleiten. Durch halbgeöffnete Türen sehen wir in die verlassenen Läden hinein, die mit Kleiderstoffen, Weckuhren, Zigarren, Schnapsflaschen und Stichen von Triest, wie es 1842 aussah, angefüllt sind.

Schließlich überqueren wir die Etsch und steuern nach Vicenza. Es ist schon sehr spät. Veronas Siesta ist heute offenbar wegen der großen Hitze und der Gewitterschwüle verlängert worden. Das Licht ist unwirklich. Eine dichte Wand von Kumuluswolken hat sich über uns zusammengezogen. Trotz des summenden Motors fühlen wir, wie totenstill es ringsum ist. Wir fahren durch Pappeln und stellenweise durch Weiden um eine ganze Gruppe von Hügeln herum, die fast wie richtige Berge wirken. Durch diese Hügel verfolgte Moreau nach den Scharmützeln von Arcole und Lenato die Armeen von Wurmser. Es waren die ersten modernen Schlachten. Es handelte sich nicht mehr darum, Provinzen zu erobern, sondern dem Gegner die eigene Anschauung vom Glück aufzuzwingen. Daher jene Tollkühnheit, auf die die österreichischen Generäle nicht vorbereitet waren. Sie versuchten, sich an Flüsse oder an Hügel zu klammern; der Feind aber hielt sich an Ideen.

Vicenza ist eine romantische Stadt, die ebenso wie Verona ihre Piazza dei Signori hat; aber hier halten die *signori* keine Siesta (es ist allerdings auch schon beinahe Nacht; jedenfalls ist es sehr dunkel). Man muß schon ein völlig ahnungsloser Fremder sein, um zu glauben, daß mit *signore* ein Edelmann gemeint ist, wie es in den Reiseführern heißt. Es bedeutet ganz einfach einen Herrn Sowieso, der ein Friseurlehrling, ein Bankangestellter, ein Büroschreiber, ein Grossist, ein Maurer, ein Autoschlosser oder auch der Besitzer einer Kneipe sein kann. Übrigens heißen diese Leute auch heute noch Cangrande, Lamberti und manchmal sogar Dante. Sie sind auffallend und fast überelegant gekleidet. Es gibt hier eine ewige Jugend, ja sogar eine *Kindheit* im schönsten mittelalterlichen Sinn dieses Wortes. Weder Alter, noch Elend, noch das Ehe- oder Familienleben mit tonnendicken Frauen bereiten halb so viele Sorgen wie das Verlangen, unbedingt elegant angezogen zu sein und blankgeputzte Schuhe zu tragen. An einer Sache kann man immer sparen, nämlich am Essen – zumal zugunsten der Eleganz; denn Kleider machen Leute. Hier meldet sich eine Kenntnis des menschlichen Herzens, die einem Grönländer (und Grönländer gibt es sogar in Marseille) immer verschlossen bleiben wird. Ich meine damit eine gewisse Demut dieser Menschen, die wissen, daß sie ohne äußeren Schmuck nichts darstellen. Dieses Volk ist weise; und Grausamkeit aus Enttäuschung ist ihm unbekannt. Es hat das Pferd durch eine kleine Maschine ersetzt, die ein Geräusch wie eine Wespe macht und *Vespa* heißt. Auf diesen Vehikeln treibt sich die Jugend auf allen öffentlichen Plätzen herum, teils aus sportlichen, teils aus erotischen Gründen. Das alles ist eher beruhigend und läßt einen mehr Vertrauen in den Menschen setzen als alle sogenannten wissenschaftlichen Entdeckungen und politischen Schlagworte. Während man sich einbildet, Europa aufzubauen, halten sie sich an die Menschlichkeit, die nicht – oder doch nur in bescheidenen Grenzen – den Tod des Nächsten fordert.

Alle Milliardäre der Welt haben sich anscheinend in

diesem engen Straßengewirr ein Rendezvous gegeben. Ihre Gesichter zeigen jene ernste Würde und sogar jene Traurigkeit, die mir schon in Turin aufgefallen ist. Aber das bedeutet nicht, daß sie um das verlorene Paradies klagen oder daß es ihnen um die Macht zu tun ist. Sie wollen sich amüsieren – das ist alles. (Und dazu brauchen sie, als Italiener, weder Stadien noch Stierkämpfe.) Die Männer und Frauen gehen spazieren, streifen sich mit den Ellbogen, prüfen sich gegenseitig und wollen Eindruck aufeinander machen. Man muß jede Reaktion genau einschätzen können. Man setzt sein Leben aufs Spiel, wenn man das Zucken eines Mundes (der lächeln möchte) übersieht oder falsch beurteilt. Einige besonders gescheite Leute (die ebensogut jung wie alt sein können) wissen genau, daß sie allenfalls einen verlorenen Abend aufs Spiel setzen.

Seit 1945 lügen die Schriftsteller, um sich bei denjenigen Leuten einzuschmeicheln, die sich zu den einzigen Verteidigern des wahren Glaubens aufgeworfen haben. Denn fortan steht fest, daß die politischen Theoretiker darüber entscheiden, was man unter Glück zu verstehen habe. Ich habe schon wiederholt vom Glück gesprochen, seit ich mit diesen Leuten lebe, die keinen Glauben und obendrein alle erdenklichen Fehler haben.

Vicenza ist von schwarzen waldigen Hügeln umgeben. Durch diese Hügellandschaft ist Alvinzi mit blitzartiger Schnelle gegen Massena aufmarschiert, wobei er den venezianischen Bauern einredete, daß er ihnen mit seinen Kanonen die Demokratie bringe. Die Geschütze flogen buchstäblich von Hand zu Hand in den Schluchten dieser gebirgigen Gegend.

Es ist jetzt zu spät, die Giottofresken in Padua anzusehen. Wir wollen es auf dem Rückweg von Venedig tun. Fahren wir ans Meer, und lassen wir uns Zeit in dieser schwarzgoldenen Dämmerung! Um uns herum ist alles sehenswert. Das Gelände hat einen freundlich-bäuerlichen Charakter bekommen. Es ist nicht mehr das üppige Land um den Mincio. Hier wohnen leichtlebige Menschen, die selbst die Erde nicht ernst nehmen. Wenn es unter ihnen Dichter gibt, so wette ich, daß sie weder die Korn- noch die Weinernte, noch die Ochsen mit den leierförmig geschwungenen Hörnern besingen. Ein weder hübscher noch häßlicher Junge, der vor der Tür eines kleinen Bauernhauses sitzt, bläst übrigens gerade auf seinem Horn. Wir halten zwei Minuten lang, um ihm zuzuhören. Er spielt Tonleitern und macht sich mit seinem Instrument vertraut; erst später wird er auch Walzer spielen. Aber er hat schon jetzt *gute Lippen* und entlockt seinem Instrument runde anmutige Töne, die manchmal an Don Quichotte oder vielmehr an die Landschaft seiner Abenteuer erinnern.

In der Nähe des Meeres verlieren die Menschen ihre Habsucht, werden irgendwie nachlässiger und sind weit weniger auf Geldgewinn erpicht als – wieviel edler! – auf Lebensgenuß. Hier gibt es kleine Bauernhöfe, die eher an Strohhütten als an Steinhäuser erinnern, obwohl die Italiener leidenschaftliche Maurer sind. Man sieht nur Gärten, keine Felder. Sogar das Getreide wird, wie das Gemüse, auf ›Beeten‹ gezogen. Keiner von diesen kleinen Höfen hat eine Scheune. Sie sehen alle viel zu klein aus im Vergleich zu der Anzahl Menschen, die darin wohnen müssen. In den Weinlauben, die diese Hütten umgeben, sieht man immer dieselbe große, dicke und rotgekleidete Frau inmitten einer zahlreichen und bunten Kinderschar. In der warmen Jahreszeit schlafen die Männer und Frauen lieber im Freien. Es sind nur etwa hundert Arbeitstage im Jahr nötig, um dieses Land zu bebauen und sauber zu halten. Ich habe kleine Obstgärten mit so sorgfältig gepflegten Bäumen gesehen, daß jeder einzelne von ihnen wie ein Kunstwerk wirkte. Gegen Padua zu wird die Landschaft wieder großzügiger. Hier wird der heilige Antonius verehrt. Seine Gnadenbezeugungen kosten Geld. Man pflanzt jeweils fünf Reihen Kartoffeln für die Familie und eine für den Heiligen (insgesamt also sechs). Bei der hundertsten Reihe hört man auf. So wurde es mir von einem braven Manne erzählt, der sich heimlich dabei bekreuzigte.

Hinter Padua nehmen wir wieder die Autobahn, um in diesem mit Binsen bedeckten Sumpfland Zeit zu gewinnen. Wie immer erreichen wir unser Hotel erst spät am Abend. Als ich Frankreich verließ, hatte ich keineswegs die Absicht, Venedig anzusehen: Hochzeitsreisende, Gondeln, Richard Wagner, d'Annunzio wirken ebenso abschreckend auf mich wie die tausend Ansichtskarten und Kinobilder. Trotz Byron, Stendhal und Casanova, ja sogar trotz Proust wollte ich Venedig auslassen. Aber meine Damen bestanden darauf. Jetzt nähern wir uns nun wirklich dieser Stadt.

Es ist noch nicht ganz dunkel, und was ich sehe – obschon nur Sand und Sumpf – gefällt mir. Für Badeorte wie La Napoule und Capri habe ich nichts übrig. Das tiefe Blau ermüdet mich genausosehr wie Felsen und Blumen. Ich brauche keine ›Glanzstücke‹, ich brauche Landschaften, wo ich nicht befürchten muß, daß plötzlich der Eismann mit seinem Steckerl-Eis erscheint. Daher auch mein Widerwillen gegen alle *meetings,* die das Glück der Völker, die Kultur oder die Erotik fördern möchten. Wenn wir uns zu dritt an einem wunderbaren Anblick freuen wollen, müssen die beiden andern meine Freunde sein.

Es ist schon dunkel, als wir in Mestre ankommen. Aber es gibt Bogenlampen. Sie beleuchten eine riesige Petroleumraffinerie. So sehen die modernen Tempel aus. Ich habe nichts dagegen. Als man zum Leben Götter nötig hatte, errichtete man Tempel auf allen Vorgebirgen; in den Jahrhunderten des Vergnügens baute man Lustschlösser in sämtlichen Wäldchen. Heutzutage baut man Talsperren und metallene Getreidesilos. Nur das Notwendige kann malerisch und sogar schön wirken – niemals das Willkürliche. Diese großen, mit Aluminiumfarbe angestrichenen Blechkörper singen zwei oder drei Oktaven höher, als wir es überlieferungsgemäß gewohnt sind, was ihnen einen kostbaren Zug von Unwirklichkeit verleiht. Die mathematische, auf größten Druckwiderstand berechnete Form ist genau so rein wie all die andern Formen, die wir *instinktiv* bewundern. Diese längs der düstern Lagune aufgebauten Speicher- und Röhrengebilde, ja sogar der widerliche Geruch, den sie verbreiten, sind Elemente einer Tragödie, die man in einigen Jahrhunderten als *antik* bezeichnen wird. Wir kennen bereits den übelriechenden Fuß des Philoktet; und wer sich von der Marterqual des Prometheus eine angemessene Vorstellung machen will, müßte sich das Schauspiel einer Leichenöffnung ausmalen, die an einem glühend heißen Augustnachmittag hinter einer Kirchhofsmauer stattfindet. Ich habe grade anläßlich eines bäuerlichen Horns von Don Quichotte gesprochen: *er* würde sich gewiß nicht lange besinnen und würde diese

Petroleumraffinerie sofort seinem poetischen Katalog einverleiben.

Ich ziehe dieses Schauspiel dem Millet'schen *Angelus* vor – genau so wie diese riesigen *von tausend Feuern funkelnden* Autobusse, die um uns herum grollen, unsern Weg kreuzen, uns, während wir auf die Mole hinausfahren, sogar überholen und dabei mit ihrer Ladung gefährlich hin und her schwanken. Nur vor einer Sache habe ich Angst: vor der Gondel und allem, was mit ihr zusammenhängt.

Man kommt schließlich auf einem Platz an, wo man sein Auto läßt: die sogenannte *Autorimessa*. Reichlich tausend Wagen stehen hier einer neben dem andern; und in einer riesigen, ganz aus Glas gebauten phosphoreszierenden Garage sieht man sie drinnen auf Schneckenwindungen bis zur vierten Etage hinauffahren. Das alles ist erstaunlich genug; am allererstaunlichsten aber ist die Stille.

Der Platz ist kostbar (ein wenig später erfahre ich, daß es sich um eine Insel handelt). Drei Mechaniker in blauen Kitteln bringen unser Auto an Ort und Stelle: mit der Hand und sehr geschickt, so daß die Wagen buchstäblich einer am andern kleben. Die Autorimessa ist nur durch schwache, ständig brennende Glühbirnen erleuchtet. Das eigentliche Licht kommt von der großen Terrasse eines Cafés (auf der sich – es ist neun Uhr – niemand befindet) und von der riesigen phosphoreszierenden Glasgarage. Im Halbdunkel kann man ein paar alte niedrige Häuser unterscheiden, die an Zeichnungen von Pietro Longhi erinnern.

Die Stille beherrscht alles, Mechaniker, Kellner, zwei Kapuziner und eine aus acht Personen bestehende

Gruppe von Leuten, die sich als deutsche Touristen verkleidet haben und Federn an ihren Hüten tragen, bewegen sich langsam wie unter der Zeitlupe durcheinander und flüstern miteinander, was wir vier Hinzugekommenen instinktiv nachahmen. Das Ganze wirkt wie ein seltsames, überaus beruhigendes Spiel. Man hört das Plätschern des Wassers.

Wir haben Hunger. In Anbetracht der Zeit, die wir fortan aufwenden müssen, um auch nur ein Taschentuch aus der Hose zu ziehen, halten wir es für völlig unmöglich, in dieser wäßrigen und außerdem verlassenen und dunklen Gegend ein Restaurant zu finden. Ich stelle mir die aus Büchern und Bildern altvertrauten Kanäle vor wie ein Fischernetz, das sich über uns niedergeschlagen hat und uns gefangen hält. Ich schiele ängstlich hinüber zu den deutschen Touristen und zu den Kapuzinern, die genauso in dieses Netz gegangen sind wie wir; aber ich habe das schreckliche Gefühl, daß all diese Menschen nicht *wirklich* sind.

Antoine unternimmt einen Erkundungsgang in Richtung auf die Häuser von Pietro Longhi. Gleich darauf kommt er zurück mit einem Zwerg. Diesem Zwerg gehört alles, jedenfalls die Mehrzahl der Restaurants. Er beschreibt uns diejenigen, die er uns zur Verfügung stellen kann: runde, ovale und viereckige. »Er hat mir bereits seine Mutter, seine Schwester, seinen Bruder und einen Kardinal angeboten«, sagt Antoine, den ich noch nie so ratlos gesehen habe.

Die Damen hingegen sind (wie in den alten Ritterromanen) fest entschlossen, dem Zwerg ihr Vertrauen zu schenken. Er strahlt, begrüßt sie mit einer feierlichen Verbeugung und hält ihnen einen Vortrag, von dem ich, ohne es zu wollen, drei oder vier überaus obszöne Worte verstehe. Wir folgen ihm. Neue Überraschung: kaum haben wir den Parkplatz verlassen, so gehen wir im Gras und müssen, als wären wir mitten auf dem Lande, einen Hang hinunterklettern.

Ich habe noch kein Wort gesagt und bin deshalb für den Zwerg derjenige, der noch verführt werden muß. Antoine hat ihn in seine Dienste genommen (oder er unsern Antoine); die Damen haben ihn adoptiert; jetzt macht er sich an mich heran. Wir kommen an einem Haus mit schwach erleuchteten Fenstern vorbei. Er sagt mir, daß man sich hüten müsse, dort einzutreten: es sei ein höchst widerlicher Ort, völlig verkommen und *anzicuore* (dies ausdrucksvolle Wort bedeutet eigentlich ›herzwidrig‹, bezeichnet aber im engeren Sinne eine Art Brustkrebs bei Pferden). Der Zwerg nennt mich Monseigneur, preßt sich an mich und redet auf mich ein, wodurch wir ein wenig zurückbleiben. »Monseigneur, *guarda*!« Er beschreibt mit Daumen und Zeigefinger eine hermetische Figur. »Fica, *très petite*!« Er ist, wie er sagt, der König der ganz kleinen fica. Allen großen Leuten hat er »ganz kleine Feigen« geliefert – »Churchill«, sagt er, »und Guynemer«. »Guynemer?« »Ja.« Er macht mit seinen kleinen Armen die Flügel eines Vogels nach. Man ist immer geneigt, Zwerge für Kinder zu halten; aber dieser hier (dessen Kopf gerade bis an meinen Gürtel reicht) ist ein alter Zwerg; es ist durchaus möglich, daß er schon zu Guynemers Zeiten seine Dienste angeboten hat. Ich sage ihm, daß er bei solchen Empfehlungen unser blindes Vertrauen verdient. Er erwidert, ich solle mir keine Sorgen machen: die Damen würden sich auch nicht langweilen, wenn man ihn nur machen ließe. Worauf er mit unheimlicher Schnelligkeit einen Katalog der verschiedenen Vergnügungen herunterbetet, die er vermitteln kann.

Inzwischen sind wir bei einer kleinen Kanalbrücke angelangt; und auf dem andern Ufer sehe ich eine Kneipe, die mir gefällt. Natürlich erklärt er diesen Ort sofort für verkommen und *anzicuore*; aber wir bedeuten ihm, daß wir uns trotzdem dorthin begeben wollen. Es ist sicherlich kein Ort für Touristen; aber wir bekommen immerhin einen Tisch im Freien am Rand des Kanals, gegenüber der kleinen Brücke, auf der langsame Schatten sich hin und her bewegen. Der Zwerg ist verschwunden. Wir haben ihn verloren: sobald der Wirt der kleinen Kneipe sich zeigte, hat er sich verdrückt. Man serviert uns einen wahren Berg von gerösteten Krabben, worauf ich mich seit mindestens dreißig Jahren freue. Meine Mutter machte sie genau so, als ich ein Kind war; seitdem aber hat man mir immer nur jene gräßlichen gekochten Krabben vorgesetzt. Eine Kneipe, in der man seine Jugend wiederfindet, wird schon dadurch ein Paradies. Außerdem ist der Wein vorzüglich. Man erneuert unsern Krabbenberg mit lächelnder Zuvorkommenheit. Es ist ziemlich kühl in diesem Taucherviertel, in das wir durch Zufall geraten sind, und das Kanalwasser riecht angenehm nach Jod.

Die Gegend ist fast menschenleer. Nach allen Seiten ziehen die Wasserstraßen und die Steingassen sich im Licht ihrer kleinen Lampen ins Weite. Unsere Kneipe liegt eingepfercht zwischen zwei Häusern mit schmiedeeisernen vornehmen Balkons. Etwas weiter befindet sich ein noch geöffneter Laden, dessen Schild anzeigt, daß hier *Jalousien repariert werden.* Die dazu nötigen Instrumente werden von einer offenen Gasflamme beleuchtet: man erkennt einen Amboß, verschiedene Schmiedehämmer, einen Schraubstock, einige Feilen und eine ganze Batterie von Zangen, Ketten und blanken Metallstreifen. Der *Künstler,* ein riesiger Türke und kahl wie ein Galeerensträfling, hat Feierabend gemacht. Er sitzt rittlings auf einem Stuhl, der bei der geringsten Bewegung bedrohlich kracht. Aber unser Mann rührt sich kaum, nur daß er mit einer zahmen Elster auf seiner Schulter spielt, die auf seinen Arm einhackt. Der Schattenverkehr über die Brücke dauert an; und in der Ferne hört man das Keuchen unsichtbarer Boote, deren Wellengang bis in unsern Kanal hinein das ruhige Wasser in Bewegung bringt.

Abgesehen von diesem Keuchen, dem Gekrächz der Elster und dem Geschnaube des Türken ist alles still. Die Gäste der kleinen Kneipe sind scheu und stumm wie Gefangene, die auf Flucht sinnen. Man hört das Glucksen des in die Gläser laufenden Weins, das Klirren und Klappern der Löffel und Gabeln auf den Tellern und das Prasseln des Öls in der Pfanne, das sich verdoppelt, wenn frische Krabben hineingeschüttet werden.

Ich kenne die Stille der Wüste und die des Ozeans. Beide sind übermäßig. Hat man den ersten Glücksschauder überwunden und kehrt die unbefangene Neugier zurück, so bekommt man es mit der Angst, die zweifellos auch eine Quelle des Genusses sein kann, aber dafür eine Anstrengung erfordert, die einen früher oder später erschöpft. Ich habe – um nicht von mir zu reden – Menschen gekannt, die diesen seltenen *Mut der Wollust,* wie man ihn nennen könnte, in einem erstaunlichen Maße besaßen und die erleichtert aufatmeten, wenn sie nach dem Schweigen eines Berggipfels wieder das Kreischen der Trambahn in einer Gleiskurve hörten.

Die Stille von Venedig kann, ohne zu ermüden, den Genuß eines ganzen Lebens (und keineswegs in banaler Weise) steigern helfen. Und doch hat auch sie das Maßlose der ›großen Stille‹. Seit ich auf der Autorimessa gelandet bin (so muß es heißen), empfinde ich den Grund, weswegen seit jeher so viele Menschen von Rang die Welt zu fliehen suchen – ein Grund, den man vielleicht folgendermaßen umschreiben kann: ein Sinn, der selten dem Vergnügen dient, dient *endlich* doch dem Vergnügen. Sicher: es gibt die Musik; aber die ist und bleibt, so schön sie auch sein mag, etwas Künstliches. Wir genießen sie wie einen *Extrakt*: in schwachen Dosen und nur eine, allenfalls zwei Stunden lang. Darüber hinaus, beispielsweise zehn Stunden lang, wird jede Musik zu einer Qual; man würde sie nicht mehr genießen, sondern würde, wie nach allzu reichlichem Absinthgenuß, sinnlos betrunken sein. Sehen wir andererseits zu, wie es mit den Freuden unserer Augen bestellt ist. Sie haben weder das Pantheon nötig noch die Kathedrale von Vézelay; die Frauen, denen man begegnet, genügen: ein Mund, eine Nase, eine Frisur, mitunter ein ganzes Gesicht, eine Schulterlinie, ein federnder Gang – und Farben! Und dabei spreche ich von denen, die nichts Besonderes zu zeigen haben. Ferner die Blumen, die Bäume, die Landschaft, die Tiere, zumal die Pferde: das Auge erreicht nie den

Höhepunkt seiner Entzückungen. Es ist (im Grunde) blasiert. Man kann seine Freuden niemals vergleichen mit den Freuden, die uns etwa eine schöne Stimme bereitet. Das Ohr ist empfindsamer, weil der Lärm ihm fast nie die Gelegenheit eines Genusses verschafft. Bietet sich ihm ein Genuß, so ist seine Aufnahmefähigkeit frisch und unverdorben und dankbar für alles. Taube wissen das instinktiv und sind deshalb fast immer niedergedrückt. Sie haben ein Paradies verloren.

Wie glücklich wäre ein Blinder in Venedig!

Nach dem Abendessen gehen wir zum Landungssteg, der auf der andern Seite der Brücke schwankt und knirscht, wo wir auf den *vaporetto,* den kleinen Dampfer, warten. Ich nehme vier Plätze für San Zaccaria; so hat es mir ein junges Mädchen geraten, die wegen unserer vielen Bündel eine Unterhaltung mit mir anfing. Wir haben nämlich keine Koffer mit auf die Reise genommen, sondern unsere ganzen Sachen sind überall in den Ecken des kleinen Wagens verstaut. Ich selber habe nur einen Strandbeutel, der meine Bücher und Hefte enthält. Für diesen Umzug nun mußte ich meine und Elises Wäsche in einen Schal zusammenknüpfen und mußte die Taschen meines Mantels, den ich über dem Arm trage, bis an den Rand vollstopfen. Antoine hat es genauso gemacht. Außerdem sind wir alle in der fröhlichsten Laune. Das genügt hier, um ohne weiteres mit dem ersten besten ins Gespräch zu kommen. Das junge Mädchen, das mich angeredet hat, sagte mir – übrigens mit einer allerliebsten Stimme –, daß ich im Begriff sei, ein Handtuch zu verlieren. Sie sagte mir auch, daß wir ganz gewiß in San Zaccaria ein Hotel finden würden.

Das gleiche Keuchen, das ich vorhin hörte, verkündet uns auch das Nahen des *vaporetto*. Der Ponton, auf dem wir warten, schwankt bei seinem Kommen, als wenn wir uns auf hoher See befänden. Man geht hier leichter an Bord als anderswo in einen Autobus; aber gleich darauf umfängt einen jene gewisse Schwermut, die auch das kleinste Boot ausströmt. Es genügt, daß man sich ein paar Meter weit auf eine Wasserfläche hinauswagt, die kaum anderthalb Meter tief ist, um sich allen möglichen Zufälligkeiten auszusetzen. Man fühlt, daß man sich auf einem Element befindet, das einen nur durch künstliche Veranstaltungen trägt; es ist nicht mehr das Pflaster, das niemanden verschluckt, es sei denn, daß sich der Teufel ins Spiel mengt (was gottlob nur selten der Fall ist). Wenn man nicht versteht, was ich meine, so braucht man sich bloß die kleinen venezianischen Liebespärchen anzusehen, wenn sie sich nach dem abendlichen Rendezvous wieder trennen. Ich denke dabei an den Klempnerlehrling, den Maurergesellen oder den kleinen Telegraphisten. Jedes Pärchen ist ›*Paul et Virginie*‹. Sie tragen den Tod im Herzen. Eines befindet sich auf dem Boot, das andere steht am Ufer. Hier malt sich wirklich die Bestürzung auf den Gesichtern. Nirgendwo sonst, weder in Paris noch in London, fühlt man dieses *Ende von allem*, solange man noch festen Boden unter den Füßen hat und daher weiß, daß man im letzten Augenblick immer noch der Geliebten – notfalls auch zu Fuß – nacheilen kann. Hier finden jeden Tag Hunderte solcher *endgültigen* Trennungen statt, deren Schwermut alle mitempfinden, sich aber aus Angst vor der

Lächerlichkeit auf die schwüle Luft der Lagunen hinausreden.

Um 1900 gab es in Marseille auf der Place Saint-Michel ein Boot, das in einem Bassin von fünfzig bis sechzig Meter Umfang um eine kleine Felseninsel herumfuhr. Das nannte man ›Eine Reise um die Welt‹. Mein Vater ließ mich eine solche Reise machen, wobei er natürlich selber am Ufer blieb. Auf diese Weise gewöhnte ich mich an das *herzzerreißende* Gefühl einer solchen Trennung, was mein Vater mit Recht für höchst förderlich hielt. Er zog für diese Gelegenheit sein weißes Hemd an und ließ sich sorgfältig seine kleine schwarze Krawatte knoten. Er sah dann sehr gewinnend aus. Und ich vermute, daß er, der von Natur ein gütiger Mensch war, an diesen Tagen besonders gütig zu mir war. Sobald die Inselfelsen ihn mir verbargen, war es für mich – wie für die Liebenden in Venedig – *das Ende von allem*. Der kritische Augenblick war übrigens gleich vorüber; denn die nächste Biegung des Bassins gab mir den Vater zurück. ›Verlieren‹ aber ist ein endgültiges Gefühl und hat mit Zeit nichts zu tun. Hat man einmal jemanden verloren, so hilft es wenig, wenn man ihn wiederfindet: fortan weiß man, daß man ihn verlieren kann. Beim Aussteigen drückte mein Vater mir die Hand wie einem erwachsenen Manne. Dann verließen wir die Place Saint-Michel und taten beide, als wäre nichts Besonderes vorgefallen.

Es hat sicher gute Gründe, daß selbst Gebirgsvölker sich den Tod mit einer Barke vorstellen. In Venedig – ob man nun auf den Wassern fährt oder ob sich das, was man haben möchte, auf der andern Seite des

Kanals befindet –, in Venedig stirbt alle Welt alle Tage immer wieder diesen leichten Tod, woran man sehr bald Geschmack findet. Daher dieser leichte und beglückende Verzicht auf die übrige Welt und diese gelassene Gleichgültigkeit in allem und jedem. In den Elysäischen Gefilden ist Zeit *nicht* Geld. *Finita la Commedia;* wozu sich eilen?

Man beschuldigt zu Unrecht die ungesunde Luft der Lagunen; wenn aber die Seele sich hier den lebhafteren Freuden und Vergnügungen versagt und sich lieber vagen Träumereien und zärtlichen Gedanken hingibt, so rührt es daher, daß sie sich endlich am Ziel ihrer Verwandlungen glaubt.

Man muß den Platz von San Marco spät in der Nacht sehen, wenn das Orchester des Café Florian nach Hause gegangen ist. Man kann ruhig als letzter bis drei oder vier Uhr morgens auf der Terrasse bleiben; der Kellner weiß, worum es sich handelt, und profitiert selber davon. Sobald man auch nur ein wenig venezianisch aussieht (etwa wie ein Schwamm auf dem Meeresgrunde, was man mühelos lernt), wird er sich sehr bald neben einen setzen. Mit niemandem kann man so reden wie mit ihm. Jede Syntax hat aufgehört; denn man will sich nichts mehr vormachen: man will offen gegeneinander sein, um gemeinsam das Leben so intensiv wie nur möglich zu genießen. Ich habe festgestellt, daß Verben in solchen Unterhaltungen kaum vorkommen. Man nennt den Wind, der um die Spitze des Campanile saust, *Constantinopel*; das genügt. Gewöhnlich geschieht es um diese Zeit, daß reichlich Wasser aus den Grundmauern der Kirche quillt, so daß man es über die Schwelle des Vorhofs fließen sieht. Es bildet einen See, der manchmal bis zu einem Meter tief ist, und über den man eine Bretterbrücke von über zwanzig Metern Länge schlagen muß. Man sagt mir, das Wasser sei süß und komme nicht aus dem Meer, sondern aus jenem Teil der Kirche, der *Luògo secreto* oder auch *Tribunale* genannt wird. Man sieht es langsam vorrücken. Man hat den Eindruck, sich auf einem Schiff zu befinden, das auf die Klippen gelaufen ist, so daß nun das Wasser von allen Seiten hereinströmt und es jeden Augenblick zum Kentern bringen kann. Ich richte mein Verhalten nach dem Kellner des Cafés. (Man muß hier mehr als sonstwo auf der Hut sein, sich lächerlich zu machen.) Das gegen drei Uhr morgens über den leeren Platz von San Marco vorrückende schwarze Wasser wirkt überaus unheimlich. In diesem Augenblick muß man seine Füße gleichsam protestierend auf die Querleiste des nächsten Stuhls stellen. Dies Wasser, das, wie einige behaupten, von den starken Oststürmen auf der Adria herrührt, wird von meinem Kellner *Tribunale* genannt. Er behauptet, es quelle unter dem Altar hervor, den der Doge Ordelafo Faliero und der Fürst Pietro Zani mit Schmuck verschönert haben und den Andrea Dandolo zum Schluß mit purem Golde, mit Rubinen, Diamanten, Smaragden und Perlen bedeckt habe. *Ma non si scuopre se non nelle maggiori solennità* (er enthüllt sich nur bei den feierlichsten Anlässen), sagt er und erklärt mir, daß dieser Altar *seine Arbeit ganz allein mache,* ohne Hilfe der Priester. Dieses schwarze, langsam den Platz überflutende Wasser sei ein Zeichen, das man nicht übersehen dürfe. Dies alles wird mir mit ruhiger, immer gleicher Stimme und in sehr wenigen

Worten berichtet. Ich bin es, der diese Worte hier durch Verben zu richtigen Sätzen ergänzt hat.

Der Kellner stammt aus Modena und lebt seit zwanzig Jahren in Venedig. Seit sieben Jahren arbeitet er im ›Florian‹. Früher hatte er eine eigene kleine Kneipe am Rio Santa Sofia hinter der Ca d'Oro. Seine Mutter lebt noch und wohnt in jenem Viertel. Jeden Abend streicht der Lagunenwind an diesem kleinen Binnenhafen, dem *Sacco della misericordia,* entlang bis zum Canal Grande. Die Bastvorhänge flattern vor den Türen; und die Jesuiten müssen die Wandbehänge in der Vorhalle von Sant'Apostoli mit Stahlfäden verstärken lassen. Er liebte es, sich auf das Marmorpflaster der Straße zu setzen und frische Luft zu schöpfen. Er hatte sieben feste Kunden, von denen er das ganze Jahr hindurch lebte. Die Luft kostet nichts, und die Fische kaum mehr. Er fragt mich, ob ich gern gefüllte Tintenfische esse. Er hatte eine Gärtnerin zur Freundin, die mit ihrem Boot auf dem Kanal fuhr. Er saß auf der Brüstung und wartete, daß sie ihm einen kleinen Kürbis, eine Tomate und eine Handvoll Rapunzeln hinaufreiche. Er machte einer andern Frau den Hof, der die kleine Krämerei an der Ecke des Rio Terra hinter dem Tempio Israelitico gehörte. Sie war *casca*; das heißt, sie hatte Elefantenbeine und -füße – eine Krankheit, die von der dalmatischen Küste stammt. Sie konnte sich nicht von der Stelle bewegen. *Man nahm sie, wie sie war.* Sie gab ihm die Reste aus den Reissäcken. Man muß den Salat und das Kerbelkraut mit einer Prise Knoblauch und mit sehr viel Petersilie klein hacken. Die Petersilie ist sehr gesund und gibt einem einen federnden Gang. Man muß auch die Fangarme der kleinen Tintenfische zerhacken. Sie dürfen nicht größer sein als ein Perlhuhnei. Man nimmt einige Tomaten, Öl und die rohen Lebern von drei oder vier großen Rotbarschen. In den Häusern, wo man regelmäßig gefüllte Tintenfische ißt, findet man immer einen kleinen Krug mit *garbinella*: einem Püree aus Padua-Fenchel. Die dicken Stengel dieses an Sumpfrändern wachsenden Fenchels werden in Branntwein zerquetscht. Die Paste, die so fein ist wie der feinste Töpferton, läßt man monatelang im Alkohol gären. Dann nimmt man eine gute Handvoll heraus und löst sie in Weißwein auf. Dann macht man Puffreis und läßt ihn sich in diesem Weißwein vollsaugen. Der Tintenfisch ist das einzige Meergericht, das mit Muskat gewürzt werden muß, weil dieser Fisch sich mit Vorliebe von einem gewissen Schlamm ernährt, der zwischen Flut und Ebbe das Wasser milchig trübt. Das Füllen von Tintenfischen nimmt viel Zeit in Anspruch, die man selbstverständlich auch hat. Hernach läßt man sie in der Pfanne braten; das Öl darf aber nicht bruzzeln. Dies nennt man *sborare,* zum Unterschied vom eigentlichen Braten. Das Wort bedeutet etwas Widerliches, was man aber beim Anblick von Tintenfischen, die man *sborare* läßt, mühelos vergißt. In dem Misericordia-Viertel sind die Straßen mit Marmor gepflastert. Man lebt nicht schlecht an diesen vier großen parallelen Kanälen, wo abends die Bestattungsboote des Friedhofs von San Michele ankern. Die Totenglocken von San Alviso und von Madonna dell' Orto läuten dreistimmig. Die Toten entfernen sich in roten Barken längs der kleinen, mit Purpur behängten Straßen, gelenkt von schwarzen Schiffern, die die

Klage des heiligen Jeremias singen. In diesem Kirchspiel wächst überall auf den vom Wasser umspülten Mauern eine kleine Molluske, die einen leichten Zitronengeschmack hat.

Er hat Modena ganz vergessen und ist mit seinem Herzen ein Venezianer geworden. Nichts Schöneres gebe es, sagt er, als an einem Herbstabend vom Theater Malibran nach San Marco zu schlendern. Der Regen in Venedig ist ein Genuß. Nur die Fremden wollen immerzu Sonne haben. Der Regen weckt den Geruch der Häuser. Er kennt Wandschränke, die voller Wämser, Mäntel, Barette und Degen sind. Wenn wir morgen Zeit hätten, er und ich (aber wir haben keine Zeit), könnte er mir große Zimmer zeigen, deren Fenster überhaupt nicht mehr geöffnet werden und wo Betten mit Säulenbaldachinen stehen, die völlig von Holzwürmern und Motten zerfressen und so hinfällig wie Sandschlösser sind. Man darf sich ihnen kaum nähern. Sie sind vom Baldachin bis zu den Füßen nur noch eine einzige Krankheit. Damals fuhr alle Welt zu den Kroaten und den Türken, von wo man einen Ledergeruch mit nach Hause nahm. Er hat nie verstanden, weshalb die Matrosen damals Stiefel trugen. Die kleine Sandale aus Padua, die eigentlich eine Art Escarpin ist, sei viel bequemer. Sie wird aus Ziegenleder geschnitten, das in Venedig weich wie Butter wird. Er selbst trägt auch solche Sandalen; denn die Füße sind das wichtigste Handwerkszeug eines Caféhauskellners. Anfangs mußte er sich häufig mitten am Tag an eine Säule lehnen. Die kleine Kneipe am Rio Santa Sofia hatte er aufgegeben, weil seine Seele damals höher hinaus wollte. Wer wolle ihm daraus einen Vorwurf machen? Er hielt sich tapfer, auch in den belebtesten Stunden, fürchtete sich aber vor der Stunde des Apéritif, wenn die Musik spielt. »Man muß zuhören und kann sich kaum noch auf den Beinen halten. Der Signor Medio, der Bücher schreibt, hat mir erzählt, daß bei Ariost die ermüdeten Krieger sich gegen die Baumstämme lehnen und ihren Schild ungefähr so halten, wie ich mein Tablett. Das gab mir wieder Mut, und ich dachte an die Sandalen von Padua. Die Luft von Venedig ist nicht etwa salzig, sondern ist erfüllt von den Ausdünstungen der Algen; das macht sie so weich. Jetzt habe ich eine Sonderstellung. Ich bediene nämlich die Engländer. Sie nehmen manchmal fünf Tische ein. Man muß ihnen zeigen, daß man arbeiten kann, sonst fangen sie an, in ihrer Sprache zu reden. Aber das mach' ich nicht mehr lange mit. Ich bekomme dabei nichts von Venedig zu sehen.« Wenn der Regen von den griechischen Inseln zu uns herüberkommt, riecht die ganze Stadt. Vor hundert Jahren legte man noch Pfeffer und Zimt in den Zimmern auf Lager. In den Palästen mit den unzähligen Zimmern und Treppen wohnten damals zwei oder drei Personen. Die Männer gingen nach Albanien und kamen mit türkischen Hosen zurück. Die Frauen taten Gewürznelken in die Wäschetruhen. Wer ihnen den Hof machte, hatte gedeckten Tisch. Es gab weißhäutige Mädchen, die niemals ausgingen. Aber zum Unterschied von den mohammedanischen Haremsbewohnerinnen wurde keine von den venezianischen Gefangenen fett. Man kennt tausend und mehr adlige Fräulein, die nach dreißig Jahren eines völlig zurückgezogenen Lebens in diesen riesigen Palästen schlank wie Zypressen geblieben sind. Sie parfümierten sich mit Moschus und aßen Kandiszucker. Vom Palazzo Pisani gegenüber der Accademia bis zur Merceria kann man, durch das Teatro Fenice hindurch, ununterbrochen durch geheime Türen von einem Haus ins andere gelangen. Man verbrannte in all diesen Gängen sogenanntes ›Armenisches Papier‹. Es waren die Straßen einer düsteren Stadt, die von Kerzen aus reinstem Talg in großen Kandelabern beleuchtet wurden. Die jungen Leute, die von Kreta und Kleinasien zurückkamen, drangen heimlich hier ein; sie hatten die Taschen voll gezuckerter Oliven und Mandarinen und Rosenkränze aus Jerusalem. Bei Gelegenheit ließ man mit Stricken und gut geölten Winden auch Hebammen in diese Maulwurfsgänge hinunter. Wenn der Novemberregen von Kephalonia herüberkommt, fangen die Mauern an zu riechen. Nichts bringt einen auf so viele Gedanken wie ein Geruch.

Ich habe mir von dem Kellner des Café Florian und von noch vielen andern sagen lassen, daß man in Venedig von nichts existieren kann, sobald man sich eine Bleibe verschafft und an die Lebensweise der Leute hier gewöhnt hat. Um gute Figur zu machen – was im Süden so wichtig ist –, genügt es durchaus, jeden Tag saubere Wäsche zu tragen. Die Gondel heißt in der Sprache des Volkes *zanzarin*; ein *zanzarin* aber ist ein Mann mit schöngelockten Haaren. Der ärmste Sammler von Zigarettenstummeln und der fleißigste Arbeiter des Arsenals haben Zeit, der eine wie der andere, sich auf eine der Stufen, die in die Lagune hinunterführen, zu setzen und die Schiffe vorbeifahren zu sehen. Sie sind witzig genug zu bemerken, daß die

Gondel bei jedem Stoß der Stange ihr Kielwasser kleine Wellen schlagen läßt, wie ein *zanzarin* seine Locken schüttelt, wenn er die Damen beeindrucken will. Man versteht, daß hier die Kinos nicht reich werden – wie übrigens alle Lokale, die viel Geld kosten. Natürlich gibt es Restaurants für Touristen, wo man *boeuf bourgignon* bekommt; aber die kleine Kneipe hat uns für die gerösteten Krabben zweihundert Franken abverlangt, und für denselben Preis hätten wir auch eine Seezunge von drei Zentimeter Dicke haben können. Sämtliche Teigsorten werden hier nach italienisch-venezianischen Rezepten zubereitet. Der Orient, von den Türken bis zu den Mongolen, ist hier tief in Europa eingedrungen. Man kann hier die ausgefallensten Kuchen bekommen. Beim Essen benutzt man die linke Hand als Teller. Man braucht sich nicht an ein lächerliches, wackeliges Tischchen zu setzen und wird auch nicht von einer bleichsüchtigen Kuchendame bedient und beurteilt, die gegen den ewigen Blätterteig und die *Crème Chantilly* sichtbarlich einen Widerwillen hat. Man ißt im Gehen auf der Straße. Wer nie einen echten Venezianer auf dem *Corso Larga* hat spazierengehen und dabei in einen *schiapetto* (ein Gemisch aus gebackenem Teig, Rahat-Loukoum und Schlagrahm) hat beißen sehen, wird sich nie freimachen können von all den kindischen Anstandsregeln, die uns hindern, das zu tun, was uns Freude macht, ohne uns um das Gerede der andern zu kümmern. Es gibt keine Wollust, der man sich nicht unbefangen auf offener Straße und notfalls am hellichten Tag hingibt. Daher jenes ständige, köstliche Entsetzen, das den genauen Gegensatz zur Langeweile bildet.

Diese von Wasser umgebene und mit Wasser gepflasterte Stadt ist der einzige Ort auf der Welt, wo man unentwegt schwarze Kleider tragen kann und wo das Schwarz rein bleibt. Hose, Hemd und Sandalen vom reinsten Schwarz. Es gibt keine geschmackvollere und dabei so heitere Kleidung. Man stellt hier auch eine Art schwarzlackierter Strohhüte her, flach und mit breitem Rand und mit einem lustigen grünen Bändchen, das hinten herunterhängt. In dieser Aufmachung laufen alle herum. Und da es keinen Staub gibt, läßt sich nichts Praktischeres denken als dieses Schwarz. Die Frauen tragen bunte Röcke und um die Brust herum häufig ein leuchtendes Gelb. Ein schwarzer Mann, der auf Abenteuer geht, ist ein schöner Anblick. Die Wäscherinnen haben es in Venedig schwer. Das Wasser der Lagune ist nicht zu brauchen. Wenn im Sommer die Gassen entweder grell im Licht oder tief im Schatten liegen, sieht man oft bunte Frauen wie aufgescheucht in der Sonne herumlaufen, als spielten sie allein die erschreckte Flucht der Klearista; und erst beim Näherkommen bemerkt man fünf oder sechs schwarze Männer, die ihre Dienste anbieten. Sie verschmelzen mit dem Schatten.

Die venezianischen Sitten sind typisch für ein südliches Land, wo obendrein alles – auch das Endgültige – provisorisch ist. Der kolossale Campanile von San Marco ist schon einmal, am 14. Juli 1902, zusammengestürzt. Er hatte zwei bis zur Spitze hinaufgeführte Mauern, zwischen denen eine Erdrampe sich schnekkenförmig und so sanft ansteigend hinaufschraubte, daß ein Pferd bis zu der fünfundsiebzig Meter hoch gelegenen *loggetta* hinauftraben konnte. Es gibt im

Betragen der Venezianer verschiedene Züge, die entschieden an diese Rampe des alten Campanile erinnern. Man hat niemals ein Pferd bis zur *loggetta* hinaufsteigen lassen; aber alles war so eingerichtet, daß man es – sogar im Trab! – *hätte tun können*. Alledem liegt die Überzeugung zugrunde, daß man plötzlich die extravagantesten Aufregungen nötig haben könnte. Also muß man sich darauf vorbereiten, und zwar – wie Soldaten und Ingenieure es machen – durch praktische Übungen. Deshalb gibt es hier auch so wenig wirkliche Sünden. In den Kirchen ist es kühl; und es ist nur natürlich, daß man sich in ihnen sehr wohl fühlt. Man sieht den Sakristan von Pärchen zu Pärchen gehen auf der Suche nach einer ›milden Hand‹. Hin und wieder gibt es Kaplane, die, während sie warten, sich bereitwillig und zur allgemeinen Beruhigung in der Pose lauterster Frömmigkeit gefallen. Immerhin muß gesagt werden, daß gewisse Altäre mit reich verzierten, muschelgeschmückten Reliquien eine unheimliche Stimmung verbreiten. Diese einzelnen und zum Teil verwesten Gliedmaßen mahnen unweigerlich ans Ende der Welt. Teile von Kiefern, Füße, Finger und sogar ein Herz, das wie ein Frosch in seinem Glasbehälter sitzt, – dies alles macht aus der Erde ein Paradies, dessen Freuden man genießen sollte, ehe man aus ihm vertrieben wird. Auf Abenteuer ausgehen – was fortwährend, sogar im Schlafe, geschieht – nennt der Italiener *andare a Nuolo* (eine Dialektform des Verbums *olire*, gut riechen). Diese Redensart enthält eine obszöne Anspielung auf die beiden Worte: Öl und Geruch. Diese Art sich auszudrücken, die anscheinend keine Illusion kennt und zugleich über eine fiebrige Angst hinwegtäuscht, beweist, daß hier von echter Sinnlichkeit keine Rede sein kann. Nicht selten sieht man Männer winseln und weinen, was anderswo eine grobe Ungeschicklichkeit wäre. Aber alle Welt weiß hier, daß es sich lediglich um eine Art *Neugier* handelt, wie etwa bei einem kleinen Jungen, der seinen Finger und notfalls seine ganze Hand in zwanzig Marmeladetöpfe taucht und dabei doch an allen nur nippt.

Auf eine Sache ist alle Welt sehr stolz und nimmt sie für sich in Anspruch, sogar die Frauen: das ist die Manneskraft. Alle Flüche und alle Beleidigungen spielen darauf an. Die Männer handhaben sie wie Jupiter seinen Blitz. Auf sie berufen sie sich, um ihre Überlegenheit zu demonstrieren; sie ist es, die sie lenkt und leitet und, notfalls, rächt. Alle sind fassungslos und fast den Tränen nahe, wenn man vor ihr nicht zittert: das begreifen sie einfach nicht. Man muß zugeben, daß dieses Auftrumpfen bei dem schwachen Geschlecht Wunder wirkt. Es ist so völlig überrascht, wenn man es nicht auf diese Weise angreift (der es fünf Minuten lang zu widerstehen pflegt), daß es so viel Gleichgültigkeit einfach nicht versteht. Ich bin in einer Bank, wo ich Geld einwechseln mußte, einer sehr schönen Venezianerin begegnet, die näher zu betrachten ich mir nicht versagen konnte. Seit einer ganzen Weile streichelte sie mich förmlich mit ihren langen Wimpern, worauf ich mir nichts einzubilden brauchte: sie hatte lediglich bemerkt, daß ich mich – in ihrer Gegenwart! – in eine Addition vertiefte, was über ihr Begreifen ging.

Viele junge Mädchen in Venedig sind blutarm. Sie gehen in die Schlachthäuser, um das warme Ochsenblut zu trinken. Man begegnet diesen stets sehr koketten Geschöpfen am Morgen. Sie bringen in ihrer Handtasche ein Glas mit oder einen Silberbecher mit ihren Initialen. Es gehört zum guten Ton, der jungen Tochter des Hauses einen solchen Becher zu verehren, wenn man sie besonders blaß findet. Die jungen Damen warten in der Nähe des Tieres, das geschlachtet wird, stehen aber nicht Schlange, was sich in England sehr bald durchsetzen würde. Ein Schlachterbursche sticht in die Schlagader, und das Blut fängt an zu rinnen; manchmal spritzt es in einem kräftigen Strahl heraus. Es verlangt viel Geschick, das Glas zu füllen, ohne sich zu besudeln. Anfängerinnen, die dazu nicht imstande sind, werden von ihren Müttern begleitet. Man muß das Blut sofort und in einem Zug trinken und sich dann ein grobes Salzkorn auf die Zunge legen. Diese Medizin tut anscheinend Wunder. Ein Glas Blut kostet gegenwärtig fünfundzwanzig Lire und außerdem die Summe, die man in die Büchse tut, mit der der Schlachterbursche den Damen unter der Nase herumfuchtelt, ehe er die Ader ansticht. Das Fleisch eines so zur Ader gelassenen Ochsen soll, heißt es, weniger gut sein. Die Schlachter versuchen natürlich, es zum gleichen Preis wie das andere Fleisch zu verkaufen; aber die Frauen behaupten, es genau erkennen zu können, und nennen es *castrone*: ein unübersetzbarer Scherz, da es sich ja bereits um einen Ochsen handelt.

Es gibt noch Freigebigkeit in Venedig. Es ist unmöglich zu wissen, wer reich ist und wer nicht. Die Kirchen nehmen sich augenblicklich besonders der Fischer und der Arbeiter des Arsenals an. Nun sind aber die Stürme auf der Lagune meist harmlos; mithin gibt man aus reiner Freude am Geben, und zwar reichlich. Es gibt keine Bettler, denn alle Welt bettelt; und ein Marchese, der im *Goldenen Buch* steht, bekommt dafür, daß er jemanden mit einem Glasbläser bekannt gemacht hat, seine Kommission und besteht auch darauf, wenn es sein muß. So geschieht es im Jahre 1951; und das *Goldene Buch* ist im Jahre 1370 geschlossen worden. Ich habe gesehen, wie eine Frau aus dem Volke dem Sakristan von San Giorgio degli Schiavoni ein Stück Brokatstoff brachte. Später haben mir meine Begleiter den Laden gezeigt, wo sie ihn gekauft hatte. Ein Zweifel war nicht möglich, da wir uns den Stoff zeigen ließen. Er stammte von einem prachtvollen Zeremonienmantel aus dem 15. Jahrhundert, den man mit der Schere aufteilte. Die Statue des heiligen Georg sollte damit geschmückt werden, den das Volk besonders liebt und für den nichts zu gut ist. Der Händler sagte uns, daß er auf diese Weise dreimal so viel Geld aus dem Mantel zöge, als wenn er ihn ganz an einen reichen Sammler verkauft hätte. Nicht selten sieht man, daß den Heiligen an gewöhnlichen Wochentagen Früchte und Weinflaschen, die man unter Blumen versteckt, dargebracht werden. Die Priester und Kirchendiener lassen diese Gaben mindestens einen Tag lang zu Füßen der Statuen liegen. Man macht keine Politik – wenigstens nicht öffentlich; und die im geheimen gemachte ist so kompliziert, daß es schon keine Politik mehr ist. Das kommt daher, daß es kaum Arbeiter in der Stadt gibt, wohl aber Handwerker, die, wenn sie geschickt sind, sich für ebenbürtig mit den Rothschilds und obendrein für glücklicher halten. Das erklärt auch die allgemeine Freigebigkeit. Nichts zählt, als nur *l'art pour l'art.* Man läßt sich natürlich bezahlen, wird aber stets eine schöne, erhebende Geste dem bloßen Gelde vorziehen. Wie man sieht, handelt es sich nicht um Moral; aber das Gute entspringt in Venedig ja häufig dem Bösen. Jedenfalls beruht das gesellschaftliche Leben hier auf einem extremen Hochmut, was sich in der Tat sehr viel trostreicher und ausgleichender auswirkt als eine ganze Tonne demokratischer Gesetze. Unter diesen hochmütigen Menschen ist das Leben eher angenehm, sei es daß man klein beigibt, sei es daß man einen gewissen Sinn für Humor hat. Diese Leute töten oder lassen sich töten, um den Vorrang ihres Geschlechts, ihrer Stellung, ihrer Leidenschaft oder auch der Kunst zu behaupten, ohne deshalb diese Dinge allzu ernst zu nehmen. Dieses völlige Fehlen eines Glaubens schafft die frischeste Luft, die ein Mann oder eine Frau im Jahre 1951 noch atmen können. Sie erzeugt eine Heiterkeit, die zu allerhand Torheiten verleitet, die in dieser Oase des alten Europa auch prompt begangen werden. Es gibt hier offenbar, wie überall, eine Cromwellsche Kavallerie, die aber verpflichtet ist, mitzutanzen: ein höchst belustigendes Schauspiel.

Und da wir nun einmal das Thema der Sitten und Leidenschaften angeschlagen haben, wollen wir noch von ein paar Kleinigkeiten reden, die das Gesagte erklären. So habe ich beispielsweise festgestellt, daß die Arbeiter des Arsenals, die Matrosen und überhaupt die meisten Leute aus dem Volk auf ihren Trikots ganz unten eine kleine Tasche oder, besser gesagt, ein kleines Etui tragen – nicht breiter als ein Finger. Es findet sich ebenfalls neben den beiden klassischen Westentaschen des betreffenden bürgerlichen Kleidungsstücks; ja, ich habe es sogar im Schaufenster eines hocheleganten Geschäfts auf einer Polobluse gesehen. Es ist bestimmt für einen kleinen heiligen Antonius aus Blei, den man ständig bei sich trägt; und zwar wird der etwa drei Zentimeter große Heilige senkrecht und *in Höhe der Leber* getragen. Die Modejournale, soweit sie in Venetien erscheinen, nehmen alle auf diesen Brauch Rücksicht. Auch die Frauen aller Stände tragen ihren heiligen Antonius in der Tasche. Er hilft aber nicht etwa, wie anderswo, verlorene Gegenstände wiederzufinden, sondern rät, wie man sich jeweils in den verschiedensten Lebenslagen entscheiden soll. Man sieht hin und wieder Frauen auf der Straße, die plötzlich ihre Tasche gegen ihre Leber drücken – nicht etwa, weil sie Seitenstiche oder Leberkoliken haben, sondern um dem heiligen Antonius von Padua zuzuflüstern: »Du mußt entscheiden, mein Kleiner.« Für die alsdann begangene Sünde sind sie nicht mehr verantwortlich: der kleine Bleisoldat, der obendrein ein anerkannter Heiliger ist, nimmt sie auf seine Kappe. Das ist vielleicht nicht gerade sehr tief (was ich nicht entscheiden will), sicherlich aber viel wirksamer für die Suche nach dem Glück als alles, was Pascal zu sagen hat; und außerdem *hört man dabei ja auf Gott.*

Ich habe Leute über Politik reden hören, die sich sonnten (wir hatten ein paar Tage lang ziemlich kühles Wetter). Ich glaubte zu verstehen, daß ihre Ansichten löblich waren, wenn man darunter eine Meinung versteht, die Vertrauen zum Menschen hat und ihm unbegrenzte moralische Fähigkeiten zuschreibt. Die hiesigen Männer über vierzig sind häufig auffallend schön. Sie haben die weiblich runden Formen eines Nero. Da meine politisierenden Nachbarn ihre Hemden trotz des dalmatischen Windes nicht zugeknöpft hatten, sah man ihre feiste und mit schwarzen Haaren bedeckte Brust. Eine Stunde lang habe ich neben ihnen gesessen und so getan, als läse ich ein Buch: so sympathisch waren mir diese menschenfreundlichen Robespierres. Völlig verdorben (wie alle Welt), sagten sie doch nicht eine einzige Dummheit, was angesichts des Gesprächsthemas eine ungewöhnliche Intelligenz bewies.

Ich habe eine der großen Zeremoniengondeln vorbeifahren sehen, die offenbar von Leuten der Stadtverwaltung ins Trockendock gebracht wurde. Sie war, zum Unterschied von den gewöhnlichen schwarzen Gondeln (was mit einem anläßlich einer Pest getanen Gelübde zusammenhängt), leuchtend rot. Ich habe mich bisher vergeblich gefragt, weswegen es beispielsweise Canaletto nicht gelungen ist, der an einem strahlenden Maimorgen stattfindenden Fahrt des Dogen auf dem *Bucentoro* etwas Festliches zu verleihen. Es kommt wohl daher, daß er das Gold und das Rot anhäuft und daß besonders das letztere hier wie ein *mahnender Kanonenschuß* wirkt, der einen mit Besorgnis erfüllt. Das Schwarz hingegen wirkt in dem Licht von Venedig überaus beruhigend. Ich sagte schon, daß es sehr rein sei, da es hier keinen Staub gibt. Außerdem ist es die einzige Farbe, die in die alles beherrschende Klarheit eine ganz neue Note bringt. Die andern Farben langweilen auf die Dauer, da sie nur das wiederholen, was die Sonne schon selber gesagt hat – und womit man nicht so leicht fertig wird.

›Daß ich an Gott glaube, zeigt sich schon daran, daß ich mich auf die Vorsehung verlasse.‹ Das ist ein echt venezianischer Gedanke. In dieser Stadt, wo vor jeder Schwelle ein drei Meter tiefes Wasser liegt, läßt man die Kinder völlig frei herumlaufen. Man sieht manchmal eine ganze Bande mit tiefernsten Gesichtern irgendein dunkles Unternehmen betreiben. Ich habe mir sagen lassen, daß nur wenige von ihnen ertrinken. Man ist der Ansicht, daß sie genau dieselben Leidenschaften haben wie Erwachsene und außerdem auf der Liste des Schicksals stehen. Man glaubt nicht, wie anderswo, daß es zwanzig Jahre braucht, um einen Mann zu machen, sondern glaubt, daß er von einem Tag zum andern fix und fertig dasteht. Nie habe ich hier verzückte Mütter erlebt; sie betrachten ihre Kinder ebenso nüchtern und wissend, wie sie ihren Mann und überhaupt alle Männer (und auch die Frauen) betrachten. Infolgedessen leben sich alle Leidenschaften ohne jede Heuchelei aus; man braucht sich vor keinem lästigen Dummkopf, einerlei welchen Geschlechts, zu fürchten. Daher überall die vielen heiteren Menschen.

Man darf nicht mehrere Verabredungen für einen Tag treffen. Jeder Ortswechsel wird zu Fuß und in einem Labyrinth vollzogen, wenn man nicht lieber langsam übers Wasser gleiten will. Der Gondoliere ist kein Taxichauffeur. Oft genug muß er einen hundert Meter weit von dem Platz, den man erreichen möchte, ans Land setzen; kaum aber hat man den Fuß aufs Land gesetzt, so bekümmert er sich nicht länger um einen – nicht etwa aus Böswilligkeit, sondern weil er nichts weiß. Niemand weiß etwas; und das ist das eigentliche

Verhängnis. Denn wenn man ein bestimmtes Ziel im Auge hat, den Weg dahin aber nicht kennt und obendrein irgend jemanden danach zu fragen wagt, so kosten einen die paar hundert Meter mindestens eine Stunde. Kommt man aber zu spät, so folgt die Strafe auf dem Fuße: derjenige, der auf einen gewartet hat, sieht so friedlich und so behaglich aus, daß man das ärgerliche Gefühl hat, nicht nur etwas zu spät zu kommen, sondern überhaupt zu spät, und daß man das Schönste schon verpaßt hat. Je lieber man die Leute hat, desto peinlicher ist das. Der behagliche Friede auf ihren Gesichtern aber erklärt sich daraus, daß sie einfach inzwischen geschlafen haben. Das wird einem sehr bald klar, was aber – auch bei allem guten Willen auf beiden Seiten – die Sache nicht besser macht. Kommt man jedoch zur Zeit, so darf man das Gefühl der Freundschaft hier inniger auskosten als an irgendeinem anderen Ort der Welt. Die Freundschaft (zumal wenn sie, wie ein guter Wein, schon auf einige Jahre zurückblicken kann) ist schlechthin sakrosankt. Man könnte unter dem Titel ›*Die venezianischen Freunde*‹ leicht hundert Tragödien schreiben. Das ist das größte Hindernis für die moderne Politik. Ich habe einen solchen ›Politiker‹ in größter Verlegenheit gesehen, weil er um jeden Preis rechtzeitig dort ankommen wollte, wohin sein Gefühl ihn rief.

Es gibt keine Autos. Man muß es sich immer wieder sagen, vor allem, wenn man die gelassenen Leute sieht. Nach acht Tagen in diesem Gewirr von Gäßchen und Kanälen erkennt man auch den Eigentümer des schönsten Wagens nicht wieder, zumal wenn er inzwischen nicht in der Autorimessa gewesen ist. (Diese gläserne Garage gibt ein solches Gefühl der Sicherheit und Versorgtheit, daß man ihr auch den geliebtesten Wagen überläßt.) Nervöse Leute, die einen Tick haben, leben auf. Vierzehn mit Promenaden und Gondelfahrten ausgefüllte Tage geben der Haltung und dem Gang auch des Zappeligsten eine königliche Gelassenheit. Alles will langsam und möglichst geräuschlos getan sein. Lebhafte Entgegnungen in der Unterhaltung sind verpönt. Auf diese Weise denkt man alles nüchtern und läßt sich nicht vom eignen Geist übertölpeln. Niemand kokettiert mit dem Himmel. Das gibt den Müßiggängern Mut, ihr Glück mit einer erstaunlichen Energie zu verteidigen.

Wir haben uns auf dem Platz von San Marco ein Konzert des venezianischen Stadtorchesters angehört. Es war eine beispiellose Kakophonie. Die Musiker kamen einer nach dem andern an und knöpften im Gehen ihre Uniformen zu. Als der kleine Mann, der sich als ihr Dirigent herausstellte, seine Leute vollzählig beisammen zu haben glaubte, hob er ohne jede Vorbereitung seinen Taktstock, worauf die Instrumente zu schreien begannen. Es war nicht möglich, den Lärm als Musik zu bezeichnen. Der Platz war schwarz von Leuten, so daß ich einen Augenblick dachte, eine Revolution bereite sich vor. Im Gegenteil: die Leute gingen friedlich spazieren, als ob ›nichts los wäre‹. Auf der Terrasse des Café Florian, wo wir inmitten einer großen Menge Menschen saßen, hatte ich einen Platz hinter einem Pfeiler, so daß ich in aller Ruhe einen der ›Musikfreunde‹ beobachten konnte. Er war in Ekstase. Nie habe ich ein so glückverklärtes Gesicht gesehen. Ja, die Manifestationen seiner Hingerissenheit hatten fast etwas Obszönes, so daß ich mich fragte, ob ich am Ende selber ein wenig verrückt sei, und, um mich zu beruhigen, auf dem Programm nachsah, um welches Stück es sich handle. Es war ein sehr berühmtes Stück, das ich sogar oft vor mich hinpfeife. Also waren die falschen Trombonen und das maßlose Schrillen der übrigen Instrumente nicht von einem modernen Meisterwerk inspiriert, und mein Nachbar war kein Avantgardist! Ich brauchte einige Zeit, um zu begreifen, daß sozusagen alle Anwesenden *mitspielten* und der Wollust einen Hymnus darbrachten. Ich bin fest überzeugt, daß mein Musikfreund für Mozart schwärmt. In den Pausen lehnte er sich mit seinem Stuhl so weit zurück, daß sein Gesicht im Schatten war: er ruhte von seiner Begeisterung aus. Tauchte er dann wieder ins Licht, so konnte er seinen zuckenden Mund nicht immer ganz beherrschen. Hier gibt es keine Helden für ›den Zaren und das Vaterland‹, sondern für die Galerie.

Gestern morgen, in der Merceria, war ich zu meinem Erstaunen der ständige Gegenstand bewundernder Blicke, von denen einige sogar ganz unzweideutige Liebeserklärungen waren. Ich fragte mich lange Zeit vergeblich nach dem Grund, bis ich ihn schließlich begriff – und auch, daß er mich anderswo zu einem Gegenstand des Gelächters gemacht haben würde. Zwei Schritte vor mir ging ein riesiger und noch um eine Pelzmütze mit roter Feder verlängerter Gendarm, der würdevoll seinen Purpurmantel spazierenführte. Da ich ganz mechanisch hinter ihm herging, so schien es, als sei er mein Majordomus und bahne mir einen Weg durch die Menge. In der Tat schien niemand daran zu zweifeln, und ein überaus eleganter Herr zog sogar seinen Hut vor mir. Ich machte diesen Scherz mit bis zur Banca d'Italia, in der ich, scheinbar in geschäftlicher Absicht, verschwand. Als ich mein Erlebnis erzählte, beglückwünschte man mich zu meiner Pfiffigkeit. Es wäre unhöflich von mir gewesen, die Leute, die sozusagen *mitgemacht hatten,* allzu schroff zu desillusionieren.

Man muß sich jederzeit der raffiniertesten aller Kulturblüten, nämlich der Lüge, bedienen können. Der bloße Zufall: daß ich im gleichen Tempo hinter einem Gendarmen in Gala herging, hätte mir eine ungewöhnliche Karriere eröffnen können. Peinlich ist bei alledem nur: daß man andererseits aus einem bloßen Schweigen und der bloßen Abwesenheit eines Gendarmen die kühnsten Folgerungen zieht.

Da ich mich rasieren lassen wollte, ging ich zu einem Friseur, der in einer kleinen Gasse wohnte. Wie ich den Lehrling mit einem Tausendlireschein bezahlen will, den er mir umwechseln soll, sagt sein Patron ihm im Dialekt und mit lauter Stimme: »Gib ihm den falschen Schein.« Es handelt sich um einen Fünfhundertlireschein, den ich natürlich zurückweise. »Er hat's gemerkt«, sagt der Lehrling und bürstet mich mit plötzlicher Zuvorkommenheit von oben bis unten ab, wobei er sich fast auf die Knie niederläßt. Solche leicht durchschaubaren Fallen werden einem den ganzen Tag über zu Dutzenden gestellt. So muß man zum Beispiel das Mittagessen in der kleinen Kneipe drinnen teurer bezahlen als draußen auf der Terrasse, weil es drinnen angeblich frischer ist. Im Winter ist es wiederum teurer auf der Terrasse, weil sie ›Sonne hat‹. Ich habe zum Spaß um einige obszöne Photographien gefeilscht. Es gab welche zu fünfzig Lire und welche zu hundert Lire. Da es genau die gleichen waren, erkundigte ich mich nach dem Grund des Preisunterschieds. Man versuchte mir klarzumachen, daß auf den teuren Photos das ›Detail‹ besser herauskomme. Es gab auch welche zu tausend Lire, die genau so häßlich waren. Der hohe Preis wurde – wortwörtlich – damit begründet, daß die ›Darsteller *mehr Seele* hineingelegt hätten‹. Die Persönlichkeit, die mich so nachdrücklich auf *die Seele* verwies, war eine alte Dame, die mit einem Busen von gut fünfzehn Kilo kokettierte. Offenbar findet eine solche Üppigkeit hier mehr Liebhaber als anderswo. Ist die Schönheit allzu zahlreich vertreten, so wird sie langweilig. Ich habe sehr viele schöne Frauen gesehen. Man sagte mir, daß neunzig Prozent von ihnen dumm seien; was ich angesichts der aufgewandten Geschicklichkeit, mit der sie sich von früh bis spät verteidigen, bezweifelte. Aber man bestand darauf, sie seien völlig talentlos. Deswegen sieht man vermutlich so viele unzufriedene und ständig auf der Suche befindliche Männer. Man hat mir hundert Geschichten erzählt, wo alles auf eine Unterhaltung hinauslief, zu der sich offenbar nur sehr selten eine Gelegenheit bietet. Die Männer aber strotzen von Phantasie, die sie vergeblich zu befriedigen suchen. Das sehr viel weniger wichtige ›Übrige‹ können sie sich an jeder beliebigen Straßenecke besorgen. Daher auch dies ständige Prahlen der Männer mit ihrer *Virilität*. Man darf nie vergessen, daß dieselben Männer bei dem geringsten Verdruß in Tränen ausbrechen. Es scheint, als wolle ich Kritik üben; ich will aber nur sachlich sein. Alles ist nur eine Frage des Breitengrads und der (hier so klaren) Atmosphäre. Die nüchterne Wirklichkeit hat man schnell begriffen. Dann langweilt man sich; und was tut man nicht, um sich zu zerstreuen!

Übrigens habe ich das venezianische Licht auch schon anderswo gesehen, und zwar hoch oben im Norden von Schottland an der atlantischen Küste bei Mallaig. Auch dort verlieh das Fehlen aller Bäume und der Widerschein der weiten Wasserflächen dem Tag jenes weiße Licht, in dem alle Farben sich auflösen. Auch dort waren die schwarzen, von Heide bedeckten Flächen höchst eindrucksvoll. Nur bietet die Wirklichkeit dem Schotten von Sutherland keine Zerstreuung, weshalb er sich an das Überwirkliche hält. In den Mooren von Rannoch, Fort William, Glencoe, Nairn und Cawdor laufen die Gespenster sozusagen am hellen Tag herum. Man will hier nicht verführen, sondern sich heimsuchen lassen. Der Grund ist der gleiche. Wohl hundertmal habe ich auf den Fondamenta nuove, bei San Pietro di Castello, bei San Spirito de Padre Francescani oder auch ganz einfach auf der Riva degli Schiavoni den Eindruck gehabt, mich im schottischen Norden zwischen Lochinver und Lairg zu befinden. Es ist dasselbe Licht, dieselbe Mischung von Schwarz und Weiß und dieselbe Sonne, die sich hier verzehrt und sich dort verflüchtet. Aber um Gespenster zu produzieren, fehlt es Venedig an der nötigen Kahlheit.

Wir sind, wie alle Welt, auf den Lido gegangen, der ein Strand ist wie jeder andere Strand. Zum Glück war es ziemlich stürmisch, und der Strand ziemlich leer. Das Meer war heftig bewegt. Die kleinen Holzbuden der Kaffee- und Limonadenverkäufer standen leer. Der Wind rüttelte wütend an ihren dünnen Planken, und ganze Güsse von grünem Wasser schäumten über ihre Schwellen. Einige große Vögel, die an Adler erinnerten, versuchten vergebens nach Albanien hinüberzufliegen. Da ich an die heißen Horizonte des Mittelmeers gewöhnt bin, wunderte es mich, wie kalt es von der Adria herüberwehte. Diese Frische und auch die hohe Dünung des Meeres, die so ganz anders wirkt als die stürmische Felsenbrandung des Mittelmeers, erinnerten mich an Schottland. Elise und ich waren ganz allein; und wenn der Wind besonders heftig wurde, verkroch sie sich hinter einem Bretterzaun. In der Einsamkeit dieses schaumübersprühten Strandes begriff ich, daß, wer hier leben wollte, lügen mußte. Bei näherer Überlegung fand ich das gestrige Abendkonzert des Munizipalorchesters völlig in Ordnung und konnte die Verzückung meines Nachbarn im ›Florian‹ durchaus nachempfinden. Die Bauten und Bäume auf dem Lido sind alle jüngeren Datums. Ursprünglich gab es dort vermutlich nur ein kleines flaches Verwaltungsgebäude auf der Lagunenseite. In Venedig konnte man sicherlich von den Ufern des San Marco-Kanals über die niedrigen Mauern des Lido die stürmische Adria mit tausend Wellen nach Konstantinopel hinüberwallen sehen. Die alte Stadtrepublik hat ihre Selbstherrlichkeit nur deshalb so lange wahren können, weil sie nicht, wie Florenz, das Spiel der Wirklichkeit spielte. Für hundert Venezianer, die nach Asien fuhren, blieben zwanzigtausend daheim und mußten fortan ununterbrochen lügen. Ohne diesen Trost hätte das Volk sich in alle Ausschweifungen der

Verzweiflung gestürzt in dieser halb ertrunkenen Stadt.

Venedig ist mit anderm Wort ein Ort, wo man die greifbare Wirklichkeit nur in kleinen Dosen zu sich nimmt. Es gibt zu viele Barken, als daß man hier Persönlichkeiten schaffen könnte, die dem Tod die Stirn bieten. Das flache Wasser, das weiße Licht sowie die Stille und Langsamkeit, mit der alle Welt sich hier bewegen muß, garantieren irgendwie ein Jenseits, in dem es keine Geisterstunde gibt. Man hält sich am Vorhandenen schadlos, und zwar mit einer Routine der Genußfähigkeit, die sich auch bei den kleinsten Gelegenheiten bewährt. In den Läden von Venedig findet man die seltsamsten Dinge: z. B. Bartklammern, kleine Stahleinlagen gegen Plattfüße, Suspensorien, Flanellbinden, parfümierte Zündhölzer, eine Salbe, um die Schuhe knarren zu machen, Lederplastrons, die eine gewölbte Männerbrust vortäuschen, durchbrochene Nylonsocken, so daß die Füße in Sandalen braun werden können, und – last not least – schwarze Stoffzähne, deren sich mit Vorliebe hübsche junge Frauen bedienen, um eine entstellende Zahnlükke vorzutäuschen und wenigstens zeitweise auf der Straße in Ruhe gelassen zu werden. Von einigen besonders hübschen jungen Leuten hat man mir das gleiche gesagt. In einer Gasse bei San Giorgio degli Schiavoni kann man eine Art Brieftaschenattrappe kaufen, über die man überall lachen würde, die aber hier sehr ernst genommen wird. Es handelt sich um eine künstlich geschwellte Brieftasche mit herausquellenden falschen Banknoten, die allgemein ein *colosseo* genannt wird (ein Name, der nichts weiter bedeutet).

Ein solches *colosseo* ist so leicht, daß man es auch bei der größten Hitze bequem in einer Hosen- oder Hemdtasche tragen kann. Wie man sieht, ist alle Welt *im Bilde,* und niemand fällt völlig darauf herein. Trotzdem tun diese *colossei,* wie es scheint, immer wieder ihre Wirkung. Als ich mir die Bemerkung erlaubte, daß ihre Benutzung gelegentlich einige Unannehmlichkeiten nach sich ziehen könne, wies man mich hin auf die leichte Luft und das goldene Licht, die beide den Sinnen schmeicheln und dadurch das Herz zur Nachsicht stimmen.

Venedig ist zweifellos der einzige Ort auf der Welt, wo man all seine Wünsche immer wieder erneuern kann. Nur hier hat das Meer diesen starken Geruch, der alle Erfüllungen vergessen und sie neu wünschen läßt. Selbst wenn ich romantisch veranlagte Naturen enttäuschen sollte, muß ich sagen: es gibt hier keine Selbstmorde. Wer mit dieser Absicht hierherkäme, müßte es gleich am ersten Abend tun; am nächsten Tag wäre es schon zu spät. Und für den gebürtigen Venezianer ist das überhaupt kein Problem. Für ihn gibt es nur zahllose unerschöpfliche Möglichkeiten zu leben.

Eines Nachmittags irrte ich mich in der Zeit, und wir kamen zur Accademia, als ihre Tore noch geschlossen waren. Um uns die Zeit bis zu ihrer Öffnung zu vertreiben, machten Elise und ich einen Spaziergang nach San Trovaso. Wir schlenderten den glitzernden Kanal entlang, bis wir auf einen großen verlassenen Platz kamen. Vor den lorbeerbewachsenen Ruinen einer ehemaligen Kirche lagen unter einem alten Maulbeerbaum ein paar ausgediente Dreschwalzen im dichten Grase herum. Durch eine Lücke zwischen den schlafenden Häusern mit ihren geschlossenen Fensterläden sahen wir auf dem Canale della Giudecca eine Segelbarke mit einer aufgetürmten Last von Marmorblöcken lautlos und einsam vorübergleiten.

Man glaubt hier oft die Dinge wie im Traum zu sehen. Und wenn man fürchtet, es nicht ganz ohne fremde Hilfe zu können, so sollte man sich nur eines jener traurigen, aber friedlichen Kinder als Führer nehmen, die auf den Kaimauern der Dogana di Mare sitzen und ihre Zehen betrachten. Das Kind wird einen natürlich sofort zum Canal Grande, auf den Platz von San Marco oder zu Riva degli Schiavoni führen. Dann braucht man ihm nur in irgendeinem Laden eine jener kleinen Flöten zu kaufen, die aus einem durchbohrten Aprikosenkern bestehen und die man an einem Faden durch die Luft kreisen läßt, um auf diese Weise den melancholischen Schrei der Möwen aufs vollkommenste nachzuahmen. Das Kind wird einen sofort begreifen und an die richtigen Stellen führen, auch wenn man noch so ungeschickt ist und sich ihm noch so wenig mit Worten verständlich machen kann.

Venedig ist ein verworfenes Pflaster, wo man sich nur auf sich selber verlassen kann; das wollen wir allen Betschwestern und -brüdern gern einräumen. Auch hier hält man sich am besten an die Statistik. Die extremen politischen Parteien sind dort nur schwach vertreten. Sie haben fraglos eine gewisse Anzahl von Mitgliedern – aber nur weil Venedig in Italien liegt und weil dieses Italien vorsichtig ist. Da man auf alle Karten setzen muß, setzt jeder *auch* auf wenigstens eine radikale Karte. *Man weiß ja nie* ...: diese Formel erklärt vieles. Ein Robespierre würde hier keinen Tischler finden, der bereit wäre, ihm ein so stabiles Gerüst zu zimmern, daß man darauf eine Guillotine errichten könnte: er hat anderes und besseres zu tun. Für die Religion gilt das gleiche. Die Glocken läuten und haben sogar einen sehr hübschen Ton. Der Klerus ist emsig auf der Kanzel, vorm Altar und vor den Reliquienschreinen tätig; aber einige seiner Mitglieder sieht man nie in kirchlichen Gewändern, und ihre Gesichter drücken die denkbar sympathischste *finesse* aus. Es sind die Rechnungsführer.

Was nun die Sünde betrifft, so findet man allenthalben Masken oder besser: Halbmasken. Diese sehr hübschen, aus Taft oder Seide gefertigten Visiere verdekken Stirn, Augen und Nase, lassen aber den Mund frei. In einem solchen schwarzen, unbewegten Halbgesicht bekommt der Blick etwas geradezu Mythologisches. Ein paar von diesen Masken habe ich an mir selber ausprobiert, um zu sehen, in welchen Zustand sie einen versetzen; der meine war so beschaffen, daß ich darüber nichts sagen will. Immerhin stellte ich im Spiegel fest, daß diese Maske mich unnahbarer machte und mein offenes Lachen in ein zweideutiges Lächeln verwandelte. Was für ein grandioses Spiel für den Alltag! Und man könnte hier an jedem beliebigen Tag auf offener Straße eine Maske tragen, ohne Ärger zu erregen: man würde allenfalls Mitleid erwecken.

Man hat mir folgende Geschichte erzählt: Im Jahre 1846 trifft in Venedig ein junger Mann ein, der sich nach seinem Paß für einen Angehörigen der Turiner Familie der Lanza ausgibt. In diesem energisch von Österreich überwachten Venetien ist es guter Ton, einen Namen zu tragen, den man häufig unter Zeitungsartikeln gegen Mazzini findet. Der junge Mann ist sehr elegant und tut alles, was reiche Leute zu tun pflegen. Er hat braunes Haar, trägt hübsche, sehr gepflegte *côtelettes,* und seine Augen blicken ohne jede Anmaßung in die Welt. Er ist offensichtlich gekommen, um den Venezianerinnen den Hof zu machen; und die hübschesten unter ihnen lachen hellauf, als sie erfahren, daß die Polizei einen berittenen Polizisten zu den Lanza geschickt hat, um hinter seine wahren Pläne zu kommen. »Seine Pläne«, sagen sie, »kennen wir. Man braucht übrigens nur die Nase des Verdächtigen anzusehen, um seine Ähnlichkeit mit den Lanza festzustellen.« »Wir sehen die Nase auch«, sagt die Polizei, die ebenfalls einige hübsche Frauen an der Hand hat, »aber wir wollen wissen, ob wir mit gutem Gewissen einige Gulden mit diesem jungen Mann ausgeben können, wenn er mal auf dem Trocknen sitzt. Und wenn er noch zwei oder drei solche Feste gibt wie neulich, so wird das sehr bald der Fall sein; denn solche Feste können selbst die Lanza sich nicht leisten. Uns liegt daran, auf eine diskrete Weise zu erfahren, was im Piemont vor sich geht; und der Augenblick wird schon kommen, wo dieser junge Mann gerne bereit sein wird zu sprechen, wenn man ihm Geld anbietet. Wir möchten wissen, ob er uns Dinge sagen kann, die uns interessieren.« Kurzum, die Polizei, wie man sieht, redete sehr viel; und wenn sie das tut, hat sie womöglich eine ganz bestimmte Idee im Kopf.

Es war die Epoche der Mazzinischen Verschwörungen. In Ligurien, im Piemont und in der Lombardei gab es mehr Geheimbünde als Bäckereien: *Das junge*

Italien, Die guten Vettern, Die Bündischen, Die Freidenker, Die Hetärie. Sie hatten bisher noch keinen König getötet, begingen aber den Fehler, jede Nacht laut zu verkünden, daß sie es demnächst tun würden. Nun sind aber die italienischen Nächte sehr hell; und es genügte, daß man mit dem *Genueser Anzeiger* in der Tasche gesehen wurde, um zum Tode verurteilt zu werden. Karl-Albert borgte jedes Wochenende seinen Henker an die Mailänder aus. In dem von Österreich besser organisierten Venedig arbeiteten Tag für Tag drei Scharfrichter für das Hochgericht.

Am Abend, nachdem der Polizist fortgeritten war, sagte ein lockeres Frauenzimmer, das für Dankbarkeit empfänglicher war als die übrigen, zu dem jungen Manne: »Giacomo, ich will dich nicht verlieren.« Es gibt eben Augenblicke im Leben, wo es sehr schwer ist, die Wahrheit zu verheimlichen. Wenn jene junge Frau, die Ermelinda hieß und zur Schauspielertruppe des *Teatro Fenice* gehörte, noch einige Zweifel hatte, so wurden diese sogleich zerstreut durch die Bereitschaft ihres Partners, den leisen Wink zu verstehen; die Tatsache aber, daß er sie nach wie vor mit der gleichen Zärtlichkeit ansah, brachte sie ganz aus der Fassung. Sie hatte die Gewohnheit, jeden Morgen in aller Frühe im Geheimkabinett eines Präfekten zu erscheinen, der das Morgenrot sowenig leiden konnte wie die Frauen und nur auf die Erhaltung der öffentlichen Ordnung bedacht war. »Derjenige, den man nach Turin geschickt hat«, erzählte sie dem Giacomo, »heißt Barbieri, er ist unterwegs zu deinem König mit einem *biglietto privilegiato*. Ich weiß aber noch etwas, was sonst niemand weiß, nicht einmal die Chefs: seit zwei Wochen hat Barbieri ein Verhältnis mit einer jungen Person vom *Fóndaco de Turchi*. Sie ist braun«, fuhr sie nach kurzem Schweigen fort, »und sicher hundertmal schöner als ich, was ich ohne weiteres zugebe. Einstweilen will ich dir ihren Namen verraten: sie heißt Rosa Pesaro und hat hinter dem Palazzo Grimani ein Zimmer in dem einzigen Hause mit einer schmiedeeisernen Laterne vor der Tür. Ich weiß, daß Barbieri sehr eifersüchtig ist; er ist erst seit kurzem verliebt, wie ich dir schon sagte, und wird sich in vier Tagen zu jener Laterne begeben, ehe er auf die Präfektur geht.«

»Ich fürchte mich vor nichts«, gab Giacomo ihr zur Antwort; »würde ich mich aber vor irgend etwas fürchten, so würde es mir ein leichtes sein, mich der Rosa Pesaro nicht mehr als bis auf hundert Schritt zu nähern. Ich hasse den Fischgeruch, und sicher ist sie nicht halb so schön wie du. Ich kenne das Haus mit der Laterne sehr genau: man kann es mit einem Boot durch den Foscarikanal erreichen. Leute wie Barbieri bilden sich immer ein, wunder wie geschickt zu sein, wenn sie mitten in der Nacht von Mestre ankommen.«

»Du hast kein Vertrauen zu mir«, sagte Ermelinda mit Tränen in den Augen; »wenn deine augenblickliche Beschäftigung dir aber wirklich Spaß macht« (er fuhr ihr zärtlich über ihre schöne Haare), »so versprich mir, dich nicht auf jene Geschicklichkeit, von der du sprichst, zu verlassen. Man zahlt für jede Hinrichtung eine ziemlich bedeutende Prämie, die bis zu einem Gulden gehen kann. Das macht die Barbieris überaus erfinderisch.«

Natürlich kam der berittene Polizist nicht wieder.

Man schickte darauf einen zweiten. Beim dritten sagte Ermelinda: »Ich habe Angst.« »Wir geben dazu keinen Grund«, antwortete Giacomo. »Fünfzig Personen, darunter du selber, können ohne Furcht bei der heiligen Hostie über alles, was ich tue, aussagen – sogar die Leute«, fügte er hinzu, »die mich nicht grade gern haben, oder vielmehr, die mich nicht leiden können und außerdem vor einer Todsünde zurückschrecken.« »Ebenso deswegen«, sagte Ermelinda, »habe ich doppelt Angst: zunächst mal vor dem Präfekten, den die Wut darüber, daß man ihn an der Nase führt, schließlich kühn machen wird; und dann auch vor dir, denn du bist zweifellos der Teufel in eigner Person.« Giacomo war sehr schön, wenn er lachte. »Wie töricht ihr euch mit eurem Italien anstellt«, sagte Ermelinda. »Wißt ihr denn nicht, daß die Erschießungskommandos mit zerhackten Kugeln ins Gesicht zielen, wenn nicht eine Mutter oder eine Verlobte oder eine Frau wie ich ihnen vorher ein Trinkgeld in die Hand drückt? Aber ich bin arm.«

Diese letzten Worte, *die man nicht erfinden kann,* waren unwiderstehlich.

Der Chef der österreichischen Polizei war kein Dummkopf; er spielte den Zornigen, wie man es von ihm erwartete. Sorgfältig traf er die geeigneten Maßnahmen, um sich, ohne das Gesicht zu verlieren, aus der Sache herauszuziehen. Solange keine genaueren Informationen eintrafen, handelte es sich um einen Lanza; und die Lanza waren Stützen von Thron und Altar. Es handelte sich nicht um eine Sache, die man *ex abrupto* mit dem Galgen oder mit den *cavaletti* (jene Bänke, auf denen der Patient mit Ruten bearbeitet wird) beenden könne. Barbieri und die beiden andern berittenen Polizisten wurden angeblich *ins Königreich Sardinien abkommandiert* – ein liebenswürdiger Euphemismus, der den ungeteilten Beifall der besseren Gesellschaft fand. Schließlich fuhr der Generalsekretär der Präfektur selber in aller Öffentlichkeit mit Mann und Roß und Wagen nach Turin.

»Beunruhige dich nicht, mein Täubchen«, sagte Ermelinda außer sich vor Freude; »die Frauen sind weniger egoistisch als die Männer. Mein Glück ist nicht beschränkt auf die Stunden, die ich mit dir in diesem kleinen Zimmer verbringe. Ich bemühe mich dauernd, dies liebe Köpfchen, das so voller Geheimnisse steckt, zu retten; es denkt, wie ich sehe, grade jetzt an Italien oder vielleicht sogar – was noch schlimmer wäre – an eine andere Frau. Aber du hast recht: ich gehöre dir; laß mich meine Ketten fühlen. Für dich habe ich an den Türen gehorcht. Und nun gib acht, was ich dir vorschlage. Laß einen hübschen roten Baldachin über deine Gondel spannen und laß uns morgen den ganzen Tag in Torcello zubringen. Ich möchte mir sehr gern die Mosaiken in der Kathedrale ansehen, und außerdem will ich dir etwas zeigen, was dir Freude machen wird. Laß hier ein gutes Abendessen mit Champagner vorbereiten, das wir, wenn wir zurückkommen, verzehren werden. Wir werden guten Appetit haben.«

»Ich bin geheimnisvoll, nur weil ich nichts zu verheimlichen habe«, antwortete Giacomo; »denn ich habe von Anfang an dir und aller Welt die Wahrheit gesagt. Weh mir, wenn ihr endlich begreift, was klar wie der Tag ist: daß ich ganz einfach ein wirklicher

Lanza bin, was ich dir immer gesagt habe. Weißt du, was ich glaube? Ich werde sofort den wenigen Glanz verlieren, der den angeblichen Verschwörer in deinen Augen umgibt, und du wirst mich zu meinen teuren Studien zurückschicken. Deshalb will ich von diesem Glanz solange profitieren, als es noch Zeit dazu ist. Die Gondel mit dem roten Baldachin wird morgen früh um zehn vor deiner Tür warten. Ist das früh genug?«

»Es ist früh genug, um wegzufahren«, sagte Ermelinda zärtlich; »aber komm schon um sieben. Die Gondel wird warten. Der rote Baldachin ist nicht für nichts da: ich will jemanden damit ärgern. Das werden aber nicht unsere schönsten Stunden sein; die heben wir uns auf für den Abend. Vergiß nicht den Champagner.«

Torcello liegt einen Kilometer nördlich von Burano, einem kleinen, völlig einsamen Dorf, das auch heute noch die frühesten Kulturspuren der Lagune bewahrt. Im Inneren der Kathedrale befindet sich ein großes byzantinisches Mosaik, das das Jüngste Gericht darstellt.

»Folge mir«, sagte Ermelinda, sobald sie ausgestiegen waren, »und mach dich klein wie eine Maus. Wir werden lachen. Ich wage nicht, noch länger zu warten.« Durch schmale leere Gassen führte sie ihn bis vor ein kleines Haus am Rand des Wassers. Hinter einer niedrigen Hecke versteckt sahen sie den Generalsekretär der Präfektur, der seelenruhig in Hemdsärmeln angelte. Die ihn begleitenden Gendarmen und seine Dienerschaft hatten Uniform und Livrée ausgezogen und sich unter einer großen Weide zum Schlafen im Gras ausgestreckt.

»Fahren wir nach Burano und dann nach Venedig zurück«, sagte Ermelinda. »Ich wollte dir zeigen, daß die Zeiten der Gefahr für uns vorbei sind. Diesmal brauchst du kein Opium in meinen Tee zu tun. Das Komische an der Sache ist: sie sind auf höheren Befehl hier. Wenn sie zurückkommen, wirst du ein Lanza sein, wie es in deinem Paß steht; und der Präfekt kann dich mit einem Lächeln grüßen, wenn du ihm jemals begegnest. Sag kein Wort und sieh dir die Sonne an: wie schön sie ist. Als der dritte Polizist – der große mit dem langen blonden Schnurrbart – *ins Königreich Sardinien abkommandiert wurde,* habe ich gesehen, wie du jene Tropfen in meine Tasse abzähltest. Die große Sorgfalt, mit der du dafür sorgtest, daß die Dosis nicht zu stark wurde, hat mich tief gerührt. Ich entnahm daraus, daß du mich vielleicht ein wenig gern hast.«

Einige Zeit danach bemerkte Giacomo, der auf der Piazza d'Armi am Kugelspiel teilgenommen hatte, auf seinem Heimweg in den Gassen von Secco Marina eine schöne braune Frau, die als Urbild des Volkes auf einer Geldmünze hätte figurieren können. Anscheinend wartete sie auf jemanden. Es war Rosa Pesaro. Jung und leidenschaftlich wie sie war, trauerte sie ihrem stattlichen, kräftigen Barbieri nach. Als Giacomo an ihr vorbeigehen wollte, warf sie sich auf ihn und erhob schreiend die schrecklichsten Anklagen gegen ihn: vor allem, daß er *töte, um zu leben.* In diesem Viertel, wo viel armes Volk wohnte, bedeutete leben soviel wie essen. Sehr bald befanden sich in der Straße etwa ein Dutzend Leute aus dem Arsenal, die an peinliche Arbeiten gewöhnt waren, sowie etwa ebensoviel Frauen, die, wenn sie hemmungslos wurden, jede für sich mehrere Männer ersetzten. Über Giacomos zerkratztes Gesicht rieselte das Blut; die Pesaro hatte ihm mit viel Geschick das Hemd zerrissen; und er selber, der bei diesem sinnlosen Angriff die Nerven verlor, schlug heftig um sich, was einen sehr schlechten Eindruck machte. Außerdem beging er die Dummheit, diesen Menschen, die blindlings dem Augenschein trauen, Worte und Sätze zuzuschreien, wo von Freiheit und insbesondere von *ihrer* Freiheit die Rede war. Schließlich wurde er mit eisernen Stühlen, die man von der Terrasse eines kleinen Cafés holte, niedergeschlagen und zerfetzt.

Ich interessiere mich, wie man sieht, besonders für Geschichten, welche die Ausbrüche der Leidenschaften, zumal der politischen Leidenschaften, in der Zeit von 1830 bis 1850 schildern. Denn der Mann, den ich im *›Husaren auf dem Dach‹* Angelo genannt habe, hat 1831 nicht nur die Cholera mitgemacht. Er hat auf dieser Seite der Alpen (oder doch in dem nach 1848 österreichisch gebliebenen Venetien oder in der Lombardei und in Piemont) Abenteuer erlebt, die ich beschreiben will.

Dies Abenteuer Giacomos ist mir von einer sehr zartfühlenden Frau, an deren Reinheit zu zweifeln kein Grund vorhanden war, erzählt worden, als *Ermelinda's Geschichte*. Und als ich in aller Harmlosigkeit die Bemerkung machte: daß es sich doch eher um Giacomos Geschichte handle, wurde mir mit jener leichten Geringschätzung, die die reife Frucht eines dreihundertjährigen Kulturerbes ist, entgegengehalten, daß man erstaunt sei, wie wenig ich das Wesentliche der Geschichte begriffen hätte. Offenbar hatte man meine

Bewunderung erwecken wollen für die unvergleichliche Geschicklichkeit, mit der Ermelinda die ganze Sache aufgezogen hatte, ohne auch nur einen Augenblick das Vertrauen ihres Opfers zu verlieren, indem sie gleichzeitig das intimste Vergnügen mit einem Menschen genoß, der trotz seiner Ideen geliebt zu werden verdiente.

Der alteingesessene Venezianer ist traurig von Natur. Er liebt feine Stoffe, kostbaren Schmuck und seltene Parfums. So elegant wie er würden wahrscheinlich Apoll und Jupiter im Jahre 1952 aussehen. Er ist ein Freund der Küche, aber mit jenem Maß, das den Reiz der Sünde unendlich erhöht. Er hat viel Geschmack und, ob Mann oder Frau, feine Gelenke. Er versteht zu gehen. Er geht nur abends auf den Platz von San Marco, aber dann so elastisch, als ob er tanze. Er spricht wenig und führt ständig die Vorsehung im Munde; das gilt sogar für die Frauen, denen man den Hof macht. Er *sieht* das Unheil, und zwar im voraus. Alles beunruhigt ihn, weil er alles ausdeutet. Es geht ein leichter Wind: er zittert vor dem kommenden Sturm. Es ist schönes Wetter: er findet es *zu* schön. Das schöne Wetter dauert trotzdem an: er weiß, daß es so nicht bleiben *kann*. Man kann sich leicht vorstellen, wozu solche Menschen imstande sind, wenn sie von einer Leidenschaft ergriffen werden – was nicht grade selten vorkommt. Ich rede nicht nur von Liebe, sondern beispielsweise auch von Ehrgeiz oder auch von der Leidenschaft für gravierte Edelsteine, sogenannte *intaglios*, ganz zu schweigen von den erstaunlichen Blüten, die hier der Geiz und der Hochmut treiben.

Alles wird ins Düster-Pathetische übertrieben. Manchmal bekommt man es beinah mit der Angst. Man glaubt, friedlich zu speisen und wischt sich den Mund – weit gefehlt! Im nächsten Augenblick hängen tausend Kassandren sich einem an die Röcke, was ich durch eine ganze Reihe von Anekdoten belegen könnte, wenn sie sich nicht allesamt auf jüngst Erlebtes bezögen und ich Gefahr liefe, indiskret zu sein. Man betritt eine Wohnung, um eine Tasse Tee zu trinken, und wird begrüßt von Klagerufen wie: ›*Himmel und Hölle! Hilf' uns Apoll!*‹ Übrigens sind die Befürchtungen in zehn Fällen neunmal berechtigt und die bösen Vorahnungen richtig; was für jemanden, der kein Venezianer ist, entschieden peinlich sein kann. Sonst aber sind die Leute hier in jeder Hinsicht schätzbar und liebenswert. Wenn aber das Unglück fast alle Trümpfe in der Hand hält, so zögert man, sich aufs Spiel einzulassen. Dazu gehört ein Held wie Don Juan (der, genau betrachtet, eher nach Venedig gehört). Ich kann es mir nicht versagen, dies etwas näher auszuführen. Es genügt nicht, daß man Sieger bleibt; man muß seinen Sieg auch ausnützen können. Religiöse oder moralische Skrupel kommen in dieser Tragödie nicht zu Wort, was deren Grausamkeit noch erhöht. Es handelt sich nicht darum, zwischen ›gut und böse‹, sondern zwischen ›böse oder nichts‹ zu wählen. Man bietet einem unermeßliche Güter an, aber um den Preis eines unermeßlichen Unheils: gehandelt wird nicht. Das Unheil ist weniger der Lohn als das Kind der Sünde: es ist einfach die bare Münze, in der gezahlt wird. Sobald ich diese Dinge begriffen hatte, habe auch ich (wie alle Welt) intrigiert. Es gibt in diesem

Milieu viele und meist sehr hübsche Nonnen zwischen fünfundzwanzig und dreißig. Man trifft sie in den verschiedenen Salons, wo sie das tun, was alle Welt tut, und dazu das gleiche traurige Gesicht machen wie alle Welt. Einige habe ich miteinander tanzen sehen: und nicht etwa harmlose Polkas, sondern die allermodernsten, mir nicht einmal dem Namen nach bekannten Tänze, bei denen die Partner langsam und entrückt über den Boden gleiten. Es war ein unheimlicher Anblick; und ich wartete – genau wie die Tänzerinnen selber und wie der feurige Jüngling am Klavier – auf das Grollen des Donners und auf den niederflammenden Blitz.

Diese durchaus unheilbare Angst, die man eben deshalb mit jedem erdenklichen Mittel bekämpft, ist ein altes Bluterbe, dessen eigentlichen Ursprung man nur dann begreift, wenn man bis zu den alten Venezianern zurückdenkt, die all ihr Hab und Gut dem Meere anvertrauten und dann wochenlang auf den Kais hin und her wandelten und sorgenvoll jede aufkommende Brise verfolgten, wie die erste Szene im *›Kaufmann von Venedig‹* es so anschaulich schildert.

Alle Nichtadligen (unter denen man übrigens die treuesten Freunde finden kann) sind dafür um so erstaunlicher für das Glück begabt. Ich wollte herausbekommen, wie weit diese Leute an die politische Partei glauben, die ihnen dieses Glück unter der Bedingung eines radikalen Umschwungs verspricht. Sie stellen sich dabei an wie ein Huhn, das ein Messer gefunden hat. Sie bringen alle Leidenschaften so durcheinander, daß sie sich aufs heftigste für Dinge begeistern können, die uns einfach langweilen würden. Die sieben

Todsünden sind für sie wie die Düfte eines Sorbet, der zugleich mit Kaffee und mit Vanille gewürzt sein kann. Es wird zu viel persönliche Reklame für das allgemeine Glück gemacht, als daß es nicht auch hier, wie in aller Welt, seine Parteigänger fände. Aber hier suchen alle *sofort* – und einerlei wie – auf ihre Kosten zu kommen; was ihnen auch gelingt. Sie begreifen, daß es sich um einen ›Stoff‹ handelt, mit dem man die sogenannten ›ernsten Gespräche‹ würzen und sich ein Ansehen geben kann. Man braucht sie nur auf dies Thema zu bringen und dann reden zu lassen; dann kann man was lernen. Vor allem muß man hernach noch eine Zeitlang, und wäre es auch nur eine Woche, mit ihnen weiter zusammenleben, um die ganze Fülle ihrer Lebensphilosophie auszuschöpfen. Ich will damit nicht behaupten, daß sie harmlos seien: die Jagd nach dem Glück (zumal, wenn man dafür so begabt ist, wie sie) ist kein philanthropisches Unternehmen. Aber sie sind darum nicht gefährlicher, als die Menschen es zu allen Zeiten gewesen sind. Eine ›moderne Gefahr‹ gibt es nicht in Venedig. Alle Welt lügt nur aus persönlichen Gründen: um einer Idee willen zum Verbrecher zu werden, fällt niemandem ein. Über das allgemeine Wohl zuckt man spöttisch die Schultern. Auch das erklärt sich aus ihrer Stadt oder, genauer, aus der Stadt, die man sieht: sie haben sie zu dem gemacht, was sie ist.

Ich kenne in Venedig etwa ein Dutzend kleiner Privatindustrien. Man darf ja nicht glauben, daß das Leben hier vorwiegend aus Kostümfesten, Gondelfahrten, Kinobällen und lustigen Sodoma-Gomorrhalien besteht. Außer jenen kleinen Betrieben gibt es zahllose Handwerker, angefangen von den Tischlern, Schustern und Schneidern, bis zu den Seilern und Grabschmuckfabrikanten, deren Produkte manchmal an Schönheit mit den mexikanischen Idolen wetteifern. Es gibt in dieser Stadt sogar noch wirkliche Schmiede. Ich möchte wissen, was sie ›schmieden‹, da ja beispielsweise für Hufeisen kein Bedarf ist. Jedenfalls liegen ihre Werkstätten direkt an der Straße oder vielmehr an der Gasse, an irgendeinem *canaletto,* und man hört weithin die auf den Amboß niederhagelnden Hammerschläge. All diese Leute leben ihr Leben und feiern ihre täglichen Feste, von denen die Zeitungen nichts wissen. Man veranstaltet Angelpartien, man tafelt mit Angehörigen, man hält seine Siesta, man intrigiert, man hat seine Rendezvous, und man raucht im Freien seine Pfeife – alles genau so wie in der guten alten Zeit, als es noch keine Touristen gab und man nach Venedig fuhr, wie man etwa nach Romorantin fährt.

Der Tourist hat diese Stadt für seinen Gebrauch in eine bloße Kulisse verwandelt. Ruskin, Wagner, d'Annunzio haben daran mitgewirkt, wie auch der Duce und neuerdings Laurel und Hardy. Wer aber nicht weiß, daß diese Stadt vor allem für die Venezianer selber da ist, sieht kaum etwas von ihr. Ich habe, wie jeder, die Museen besucht und bin in der Gondel auf dem Canal Grande gefahren. Ich hatte sehr bald genug davon. Man sieht nichts als Deutsche, Engländer, Franzosen, Chinesen und Türken (immerhin keine Spanier), die alle die Hälse recken und sich nach allen Seiten umblicken, als hätten sie's eilig (was ja auch der Fall ist). Ich aber bin nur dann glücklich, wenn ich Leute um mich sehe, auf deren Gesichtern deutlich geschrieben steht: daß morgen auch ein Tag ist. Und außerdem: ich tue alles mit bewußter Langsamkeit. Wo man sich stößt und drängt – einerlei um was, verziehe ich mich, auch wenn mir das entgeht, was die andern erwischen. Sagt man mir mit groß aufgerissenen Augen: »Das müssen Sie sich *unbedingt* ansehen«, so lege ich mich höchstwahrscheinlich mit einem Kriminalroman aufs Sofa. Ich trage überall meinen Baedeker höchst sichtbar mit mir herum: ich habe nicht den albernen Wunsch, daß man mich für einen ›Hiesigen‹ hält; ich habe genug andere Fehler. Ich trage also, wie gesagt, das Brevier jedes ehrlichen Touristen überall mit mir, das nebenbei ein so bequemer Aufbewahrungsort ist für die Straßenbahn- oder vielmehr Vaporettobillets. Und dann gibt es die Karten – vor allem jene, die einen ›Gott weiß wohin‹ führen. Und grade das ist mein Wunsch. Deshalb sage ich auch kein Wort über den Palazzo Rezzonico, die Rialtobrücke, den Palazzo Vendramin und die Ca' d'Oro. Natürlich habe ich sie gesehen, aber eben nur wie auch andere Sehenswürdigkeiten. Hingegen bin ich mit ängstlichem Erstaunen in Dutzende von höchst ungewöhnlichen Häusern hineingegangen, die mich alle an das Haus meiner Eltern in Manosque erinnerten, wo ich meine ganze Jugend verbracht habe. Elise und ich sind dann die Treppen hinaufgestiegen (ich selbstverständlich vorneweg), die zu jenen verwahrlosten Prunkräumen führten, von denen wir mit sechzehn Jahren geträumt haben. Auf manchem mit Ascheimern und Körben verbauten Flur habe ich mit den Bewohnerinnen über die teuren Preise und andere

Hausfrauensorgen geplaudert. Sie kochen, wie alle Welt, am Donnerstag ein Stück Hammelfleisch mit Gemüse und am Sonntag ein ebenso garniertes Stück Rindfleisch; am Montag wärmt man die Reste mit ein paar Zwiebeln auf. Die kleinen Jungens werden – genau wie früher ich selber – um ein Achtelpfund geriebenen Käse zum Krämer geschickt; nur daß mein Käse damals höchstens zwei Sous kostete.

Durch gewisse ›Straßen‹, wie etwa hinter dem Palazzo Trevisano oder zur Piazza Manini oder nach San Giovanni Chrisostomo, kann man nur mit einem Boot fahren. Die Häuser stehen unmittelbar im Wasser, das vor der Schwelle zwei bis drei Meter tief ist. Auch der Ärmste hat daher sein eignes Boot und, im Korridor, einen kleinen Privathafen. Und wer ein Tischler, Schuster oder Schneider ist, muß außerdem ein Schiffer sein und muß seine Kundschaft, wie ein Charon, in der Barke besuchen. Dadurch bilden sich viele besondere Gewohnheiten. Beispielsweise rudert unsere Hausfrau, auch wenn sie entschlossen ist, die Hammelschulter so weit wie möglich herunterzuhandeln, vergnügt und friedlich auf den Markt; sie braucht sich nicht mit ihrer Einkaufstasche auf dem Trottoir abzuschleppen, sondern gleitet sitzend, das Ruder in der Hand, dahin und läßt ihre Gedanken wandern. Hieraus erkläre ich mir die Tatsache, daß viele von diesen Frauen so stolz, so ruhig, so herablassend um sich blicken. Biegt der Kanal um die Ecke, so verkünden sie ihr Nahen durch einen harmonischen, leicht heiseren Schrei. Einige können es sich leisten, selbst wenn sie schon in reifen Jahren sind, ihr Boot mit einer Stange vorwärts zu treiben, wobei sie hoch aufgerichtet auf dem Dollbord stehen. Diese Bewegung macht den Körper lang und elastisch, was sie höchst geschickt durch sehr weite Röcke zu betonen wissen, deren tiefe Falten wie Säulenkannelierungen an ihnen herabfallen. Auch habe ich bemerkt, daß sie die Farben ihrer Röcke und ihrer Mieder auf das Grün des Wassers, über das sie hingleiten, und auf das Rotbraun der sie umgebenden Häuserwände abzustimmen wissen, was man mir aber hat ausreden und als einen bloßen Zufall hinstellen wollen. Wenn man mir damit sagen wollte, daß sie die richtigen Farben ohne Überlegung finden, so bin ich durchaus derselben Ansicht: daß sie nämlich in jenem Zustand der Gnade leben, der einem, da man sich niemals langweilt, alles glücklich und mühelos von der Hand gehen läßt.

In Padua gibt es Giotto. Ich habe Freude an ihm. Ich verstehe nichts von Malerei (man wird das schon gemerkt haben), wie übrigens die meisten, nur daß sie es nicht zugeben. Mir liegt an Erlebnissen. In dieser Hinsicht ist der Erkenntnisapparat kein ebenso zuverlässiges Instrument wie die Intelligenz. Er ist allerlei Zufallsschwankungen unterworfen: ob es kalt oder warm ist, ob alles glatt geht, ob ich guter Laune bin, ob alles schief geht und ich mit einem Verdruß nicht fertig werde. Die abscheulichste Malerei bereitet mir manchmal große Freuden; bei der besten passiert es mir oft, daß ich das Ausgezeichnete in ihr nicht bemerke. Ich liebe z. B. den Zusammenklang von Blau und Grün, so wie man Blumenkohl oder Spargel liebt. Begegne ich im rechten Moment diesem Akkord bei einem noch so mäßigen Meister, so bin ich glücklich.

Vor den Fresken der Scrovegni-Kapelle genieße ich dasselbe Vergnügen, das ich schon mehrmals vor den Scheiben eines schönen Aquariums empfunden habe. Die Farben spielen hier trotz ihrer Unbewegtheit so ineinander, als ob sie unter Wasser und in Bewegung seien. Ich denke besonders an den Engel, der der Heiligen Anna erscheint und in dem Augenblick dargestellt ist, wo er durch die Dachluke zu dem Korallenrot einer Schatulle, eines Überwurfs und eines Heiligenscheins hinabtaucht. Der Traum des Heiligen Joachim mit seinen kahlen Felsen macht auf mich ebenfalls den Eindruck von etwas Flüssigem, vielleicht auch des Engels wegen, der aus dem Blau des Himmels wie ein Thunfisch aus dem Meere auftaucht. Bei dem Einzug Jesu in Jerusalem liegt es einzig und allein an den Farben: die ganze Gruppe, die Christus folgt, hat genau die gleiche Farbe wie die Kiemen eines atmenden Goldbarsches; und das wundervolle Stück Malerei der anderen Gruppe, auf die Christus zugeht, erinnert mich an die Schuppen der Lachsforellen. Ein Gesicht indessen (unter sicherlich hundert anderen), nämlich das Gesicht des Mannes in Rot (eigentlich ist es ein Hermaphrodit) links auf der Hochzeit Mariae, gehört nicht dem Meer und den Geheimnissen des Ozeans an, sondern der Erde: es ist entschieden ›hiesig‹. Ich vergaß den Himmel auf der ›Rückkehr Josephs aus dem Tempel‹: es ist genau der Himmel, den ich in Piemont zu Beginn meiner Reise über mir sah.

Ich wollte unbedingt das Café Pedrocchi sehen und verging vor Ungeduld. Es ist noch genau so, wie man es auf der Photographie im fünften Band von Stendhals Tagebuch in der Ausgabe von Honoré Champion auf der Titelseite findet. Ich habe keine Lust, den berühmten Mokka zu trinken oder das noch berühmtere Eis zu kosten. Ich möchte nur vorbeigehen, langsam, ohne stehenzubleiben. Ich will die Terrasse sehen, auf der Henry Beyle soviel Pech hatte; aber ich will sie auch gleich wieder aus den Augen verlieren, um ihren romantischen Zauber nicht zu zerstören.

Das wäre getan. Für ein paar Minuten war ich zutiefst glücklich. Damit will ich sagen, daß es nicht immer auf Kunst ankommt. Jeder jagt in seinem Revier.

Ich denke an einen Nachmittag in Edinburgh. Ich war in das erste beste Museum gegangen, um Aline zu erwarten, die das Haus von Burns besichtigte. Vor allem wollte ich mich setzen. Ich fand nichts als große, leere Säle, deren Wände mit den Portraits historischer Persönlichkeiten behängt waren. Bis auf seltene Ausnahmen waren es recht mittelmäßige Werke – lauter Bonnie Prince Charlies und Flora Mac Donalds, soviel man nur wollte. Aus einem Goldrahmen aber, der so dick war wie das Kummet eines Brauereipferdes, lächelte mich das spitze Gesichtchen eines jungen Mädchens an. Dies Lächeln hat später für mich – nur für mich – ganz Schottland verzaubert. Ich sah es überall, und es verwandelte alles.

Padua ist eine Stadt, in der die Intrige gedeiht. Sooft ein genußfroher Venezianer intelligent sein möchte, geht er nach Padua. In der guten alten Zeit fuhr man langsam im Boot durch einen Kanal dorthin. Heute saust man in Höchstgeschwindigkeit über die Autobahn. In einer halben Stunde ist man da. Man hat die Zeit nicht mehr, Paduaner zu werden. Daher diese Straßen voller Menschen, die sichtlich schlecht vorbereitet sind.

Auf dem Platz vor der Basilika verkauft man heute noch – und wird es immer tun – Wachskerzen. Sie sind ein Elementarmittel, in Gnaden erhört zu werden; und den Wünschen sind keine Grenzen gesetzt. Die Piazza del Santo sieht aus wie eine erythräische Wüste auf der Bühne eines Theaters: endlos, sandig, sonnig und windig – aber es ist der ächzende Glutwind der Hölle. Man muß den Platz nachmittags gegen zwei Uhr sehen im krassen, grausam senkrechten Sonnenlicht. Die Kerzenverkäuferinnen hocken im Schatten der kleinen Mauern und schnellen beim bloßen Geräusch von Schritten vom Boden auf. Es sind Hausfrauen und Familienmütter, und alle machen fromme Gesichter. Es macht Spaß, sie zu betrachten und zuzuhören, wie sie ihre Ware anbieten. Sie wenden sich an unsere geheimsten Gefühle. Nie habe ich so weihevolle und über alles Bescheid wissende Gesichter gesehen. Man muß vor sich selbst erröten, zumal sie einem ein Mittel anbieten, *Karriere zu machen*.

Das Bühnenbild zeigt im Hintergrund die Basilika von San Antonio, das Oratorium von San Giorgio und die Scuola: nackt und roh hingestellt, um diesen Seelenkonflikt wirkungsvoll in Szene zu setzen.

Ich bin auf dem Prato della Valle umhergeschlendert – ein freies Gelände vor der Stadt, nach Mantua zu. In seiner Mitte steht auf einer runden Wiese ein Kreis sehr großer Bäume. Trotz der drei Dutzend Statuen, die in den verschiedensten Stellungen gestikulieren, ist das Ganze entzückend. Ich ging auf den Steinquadern spazieren, die an den Fassaden vor der Loggia Amulea entlangführen. Wenn ich in Padua wohnte, wäre dies meine Lieblingsstätte. Alles hat hier Charakter. Überall entdeckt meine Träumerei die heimlichsten, zartesten Freuden. Ich kenne dieses lustvolle Gefühl bereits von Brescia her. Eben darum muß ich noch einmal sagen, daß ich Kunst nicht unbedingt nötig habe. Ich bin in meinem Leben unzählige Male glücklich gewesen. Um es wieder und auf neue Art zu sein (denn seither habe ich mich verändert), brauche ich nur die Harmonie wiederzufinden, die schon einmal die Ursache meines Glücks gewesen ist. Die schönste Architektur, die schönste Malerei, die schönste Poesie kann mir natürlich dabei helfen, sie kann aber ebensogut versagen und kann mich sogar stören. Mein Glück ist nicht das selbstverständliche Kind der Schönheit. Nichts kann dieses Glück erschaffen, aber alles kann es bewirken. Das läßt mich hoffen und hält mir das Herz jung. Nörgler essen schlecht und altern früh. Ich liebe das Schöne und suche selbstverständlich in dieser Richtung; ich muß aber zugeben, daß das Häßliche, und schlimmer noch, das Gemeine, manchmal Erfolg hat, wo das Schöne versagt.

Ich glaube, ich bin kein Einzelfall; und wer mich vom Gegenteil überzeugen will, muß schon recht naiv sein. Das Leben besteht nicht aus karrarischem Marmor. Im Prato della Valle gibt es nichts Außergewöhnliches, es sei denn – heute, um fünf Uhr nachmittags, für mich – ein Licht und eine Luft, Geräusche, Farben und Formen, die mich überglücklich machen, aber eben nur mich. Warum soll ich's nicht gestehen?

Auf und ab gehend erwarte ich meinen Freund Paoli Pardi (ich habe meinen *Husaren* nach ihm benannt). Der Signor Pardi hat ein erstaunliches Buch über die italienische Revolution von 1838 geschrieben. Er hat sich mit ›allem und jedem‹ befaßt. Geschichtliche Ereignisse sind nicht ausschließlich Sache der Könige. Das klingt, als wolle ich das ›Fußvolk‹ aller Gattungen in Schutz nehmen; aber wir sind nun einmal weder Könige noch Genies; und immer unterschlägt man unsere wirkliche Rolle in der Geschichte. Wir reden nie in Schlagworten; wir murmeln höchstens ein mit Schimpfworten gemischtes Kauderwelsch persönlicher Erwägungen und sagen meiner Meinung nach doch mehr als jene *Garde, die stirbt, sich aber nicht ergibt.*

In der Französischen Revolution taufte man ›Port-

Royal‹ in Paris um in ›Port Libre‹ und machte ein Gefängnis daraus. Wie man sowas fertigbringen kann, finde ich ungeheuer interessant.

Ich habe, wie meine ganze Generation, seit 1914 eine Menge historischer Ereignisse mitgemacht. Alle habe ich in Manosque erlebt und sogar in dem Viertel, wo ich wohnte. So wurde ich z. B. im Januar 1915 mit meinem Jahrgang mobilisiert, konnte aber von August 1914 bis Januar 1915 feststellen, daß die bei weitem wichtigste Person für die Leute in unserer Straße der Briefträger war. Nicht Joffre konnte sagen, ob Dieuze oder die Marne Siege oder Niederlagen waren, wohl aber Félicien Chabrier, der Briefträger, je nachdem er einen Brief zu überbringen hatte oder nicht; und ebenso hatte der liebe Gott Kirche und Himmelreich verlassen, um in Gestalt eines kleinen kahlköpfigen und sehr verlegenen Gemeindeschreibers die Gefallenenmeldungen zu verteilen. Das ist Geschichte, die man wegwerfend die ›kleine‹ nennt und die meiner Ansicht nach nicht nur die ›große‹, sondern die einzige ist.

Ich hatte kürzlich Gelegenheit, mich mit einer alten Freundin meiner Mutter zu unterhalten. Als wir noch in der Grand-Rue wohnten, hatte Madame H. in Nr. 12 eine Schlachterei. Die beiden Läden grenzten also aneinander. Madame H., die heute zweiundneunzigjährig ist, hat ihren einzigen Sohn bei Verdun verloren. Es fiel mir auf, daß es für sie den Krieg von 1939 nicht gegeben hat. Er hatte keinerlei historische Wirklichkeit für sie; und als ich auf seiner Wirklichkeit bestand, sagte sie: »1939, das war überhaupt nichts.«

Mein Freund Pardi hat also die ›kleine Geschichte‹ der Revolution im Piemont, der Lombardei, in Venedig und der Romagna geschrieben. Es ist eine Epoche, über die wir in Frankreich recht wenig wissen; und es wäre schade, sie nur durch die Schriften eines klassischen Historikers kennenzulernen, einerlei ob er für oder gegen Revolutionen ist. Pardi ist weder ›für‹ noch ›gegen‹: die Revolution als solche interessiert ihn nicht. Man darf also an seine Unparteilichkeit glauben. Was ihn interessiert, ist das Hin und Her der Leidenschaften. Um es zu studieren, hat er eine kuriose Methode angewandt. Er hat eine Liste aller Dörfer, aller Flecken, aller Höfe und Meiler, wenn es auch nur eine Holzfäller- oder Jagdhütte war, aufgestellt. Dann hat er sich die genauesten Landkarten vorgenommen und sämtliche Straßen, Wege und Fußpfade eingezeichnet, die diese Lebenszentren miteinander verbinden. Über dreißig Jahre lang hat er zu Fuß, tagein tagaus, alle Haupt- und Nebenarterien, alle Adern und Äderchen durchwandert, in denen das empörte Blut lief und kochte. Er hat die Archive der Polizei, der Kanzleien, der Gerichtsschreiber durchstöbert, hat Zeitungsausschnitte gesammelt, Greise ausgefragt, Bitterkeiten angehört, die Toten gezählt und die Helden, Familienmitglieder zusammengebracht, ihre Überlieferungen und Erinnerungen geprüft, ein Inventar der Erbschaften aufgenommen, aus der Nähe das *Stöhnen der Brieftaschen* abgehorcht, das für alle Revolutionen so charakteristisch ist, und hat diese klinischen Beobachtungen ganz einfach, Stück für Stück, eingetragen. Wir sind weit entfernt von Mazzinis schwülstigem Pathos. Und doch handelt es sich auch in seinen geschwungenen Reden um den ›Kampf für Freiheit und Recht‹.

Damals hat man viel getötet. Man hat die Österreicher getötet und die Partisanen der Österreicher. Kluge Köpfe hatten bald entdeckt, daß es vorteilhaft war, diejenigen für Partisanen der Österreicher zu erklären, denen man Geld schuldete, oder die offensichtlich zu viel Glück hatten oder zu viel Erfolg oder Stellungen oder Frauen oder was auch immer. Ich frage Pardi, wie er darüber denkt. Er antwortet, daß er nicht zu denken, sondern so genau wie möglich das Tun und Treiben einer Revolution zu erzählen habe.

Ich nehme die sechs telefonbuchdicken Bände mit, die das Tatsachenmaterial enthalten. Stendhal hätte diese trockene Aufzählung, diesen vollständigen Katalog menschlicher Leidenschaften glühend geliebt. Ich muß an den Katalog von Saint-Etienne denken, der bis 1914 Tausende von Kindern und Halberwachsenen (mich selbst einbegriffen) entzückt hat. Alles darin ist in Bildern dargestellt, und man kann alles danach bestellen, von der Nadel angefangen, die eine Mütze festhält, über ein Fahrrad bis zur vollständigen Ausrüstung des Elefantenjägers: ›schillernd und vielseitig‹, wie Montaigne sich ausdrückt – gewiß, aber doch in den engen Schranken, zwischen denen (wenn man so sagen kann) Eigennutz und Eigenliebe sich begegnen.

Ich habe nie recht begriffen, was einen zum Beispiel an den Truppenbewegungen der Schlacht von Valmy besonders interessieren kann. Das kommt mir vor wie ein Gewehr ohne Patronen. Eine einfache Gefallenenliste, nach Berufen geordnet: so und so viele Milchhändler, Kurzwarenhändler, Schneider, Tischler; eine genaue Beschreibung ihrer Verwundungen; eine vergleichende Tabelle der betrogenen Ehemänner vor, während und nach der Schlacht; ein Bericht über eheliche, häusliche, wirtschaftliche Streitigkeiten der Kurzwarenhändler, Schneider, Tischler, die heil davonkamen (Sieger genannt), unterrichtet mich besser und *bildet* mich – im wahrsten Sinne des Wortes.

Um fünf Uhr nachmittags verlassen wir Padua. Signor Pardi gibt uns ein kleines Stück das Geleit: bis vor Santa Giustina, wo wir unsern Wagen gelassen haben. Ich verstaue meine Jahrbücher der Revolution sehr sorgsam. »Danke«, sagt Pardi. Ich frage mich wirklich, für was. Es wäre viel eher an mir ... Er ist reizend. Er trägt eine schwarze Alpakajacke, einen steifen Strohhut, ein Ziegenbärtchen. Ich liebe ihn sehr. Dann macht er sich auf den Heimweg nach Padua, wo er allein in der Via Bellundi lebt.

Wir brechen aufs Geratewohl bei einer grünen Abenddämmerung auf. Wir wollen nach Ferrara. Vielleicht stoßen wir bis Bologna vor. Alles hängt von der Stimmung und von der Beschaffenheit der Nacht ab. Wir fahren kleine Nebenstraßen. Unser Historiker hat uns den Geschmack für Einzelheiten beigebracht, auf denen das Glück und die Geschichte beruhen. Ich habe Eile, mich in irgendeinem Hotel bei einer Lampe Hals über Kopf in meinen ›Katalog‹ zu vertiefen.

Nichts hindert mich, inzwischen die Menschlichkeit der kleinen italienischen Straßen zu genießen, sofern nicht Skulpturen, Architekturen und Malereien ihr Ziel sind. Wir fahren im Flachland zwischen dichten Obstgärten, grünem Rohr und Zypressenhecken. Außerhalb der Straße wird der Blick durch das Laub der

Büsche und Bäume gehemmt. Öffnen sie sich, so rückt der Abendschatten den Horizont bis auf zehn Schritt in unsere Nähe. Um so besser erkennen wir die kleinen Bauernhäuser, an denen wir vorbeikommen und deren Kalkbewurf die Phosphoreszenz des Tageslichtes bewahrt hat. Auf der Terrasse, vor seiner Tür, raucht der Bauer eine Zigarette; die Bäuerin deckt den Tisch; die Kinder spielen. Hier, unter dem Maulbeerbaum, zündet man eine Petroleumlampe an. Dort springt ein Junge, der ein Akkordeon an einem Schulterriemen trägt, über einen Graben. Am Eingang eines Fleckens errichtet man das Gerüst eines kleinen Freilufttheaters. Zwei Männer sind dabei, den Bogen anzunageln, auf dem die ›tragische Maske‹ gähnt. Etwas weiter fährt ein Karren voller Mädchen, den wir überholen.

Wir stoßen in Battaglia Terme wieder auf die große Straße und fahren an einem sehr schönen Schloß vorbei, das ganz und gar französisches *dixhuitième* ist. Welch ein Unterschied zu der Villa Ferraroli, die wir bei Brescia gesehen haben. Dort trug man allen Lügen Rechnung, zu denen eine wohlgeborene Seele in jeder Stunde des Tages verpflichtet ist; hier hat man ganz einfach den Mauern, die bestimmt sind, das Vergnügen zu beherbergen, eine zweckdienliche Anordnung gegeben. Man muß zugeben, daß beides Stil hat. Eine von einem Wall gestützte Terrasse mit einer Reihe sehr gewöhnlicher Orangenbäume in Kästen beherrscht den Kanal. Die Hauptmasse des Schlosses erinnert mich an Saint-Simons Worte über die Herzogin von Villeroy: »Ernst, prunkvoll und groß, wenn auch mit zu hohen Schultern und Hüften, war sie von unnachahmlicher Majestät; und niemand verstand es wie sie, Festen und Bällen Glanz zu geben...« Man könnte meinen, in Österreich zu sein.

Hinter Monselice ist man plötzlich in einer Gegend, wo viel Wind geht. Die wenigen unbedeutenden Hügel rechts sind flacher geworden, und die Bäume schwärzer; große Strecken Erde sind mit einer staubigen Vegetation bedeckt. Die dammartig erhöhte Straße beherrscht die winzigen Bauernhäuser, die wie Bahnwärterhäuschen aussehen. Als Bahnwärter kann man glücklich sein; hier ist man es nicht. Es gibt kein äußeres Anzeichen von Glück an diesen Häusern. Ohne den Rauch, der aus den Schornsteinen steigt, könnte man sie für unbewohnt halten. Mit der Vorstellung ›Mensch‹ ist immer auch die Vorstellung ›Glück‹ verbunden. Wonach sollte er sonst auf dieser Erde streben? Ohne bis auf Sardanapal zurückzugehen: es gibt immer irgendeine Geranie, die man in irgendeinen alten Kochtopf pflanzen kann. Es gibt die Luft, die man atmet, und schließlich und endlich eine Zigarette, die man raucht – und wäre sie aus Tabakresten und Zeitungspapier, und oft sind gerade dies die besten: das Herz ist dabei! Hier: nichts. Ich weiß, das ist ein schreckliches Wort, und doch halte ich es für berechtigt. Kein Vorhang an den kleinen Fenstern, deren Scheiben nie geputzt werden. Trotz des vorgerückten Abends keine Lampe. Um das Haus ein Zementpflaster und eine Ziegelmauer. Auf dem Hof Abfälle, Aschenhaufen und alte Fahrradreifen. Ich frage mich, was diese Bauern wohl züchten. Tiere oder Pflanzen zu betreuen, macht jeden rasch glücklich. Ein Schwein oder ein Sack Weizen genügen. Ich besinne mich, daß jemand gesagt hat (ich glaube, Liszt zu Madame d'Agoult): »Wenn weder Sie noch ich für das Glück geschaffen sind, so liegt es daran, daß wir wertvoller sind als all das.« Das klingt recht hübsch; aber man lebt nur oberhalb einer gewissen Gesellschaftsschicht vom Stolz; und außerdem kann man so nur reden, wenn man in Wirklichkeit mehr oder minder alles Glück der Welt besitzt. Dann kann man auch Hochsinn beweisen. Wer nichts hat, zielt niedrig und legt keinen Wert auf Worte, die Eindruck machen. Wenn er sich zur Wehr setzt, geschieht es auf andere Weise.

Anfang 1848 wurden in dieser Gegend einige sehr grausame politische Morde begangen. Im Prinzip tötet man in solchen Zeiten, um Recht zu schaffen und der Freiheit einen Weg zu bahnen. Am Rande der kleinen Straße nach Mantua, die rechtwinklig die unsere schneidet, steht in einer Entfernung von etwa zehn Kilometern ein Gasthaus, das noch ganz andere Hochmutswallungen gesehen hat als die von Liszt: es waren Taten von Neu-Reichen.

Endlich sehe ich auf einem der Abfallhöfe einen kleinen Jungen von neun oder zehn Jahren; er spielt nicht, sondern blickt in die schwarze Sonne, die über den Feldern untergeht, auf denen man Zuckerrüben erntet. Das einzige menschliche Wesen. Die Stunde der Schubkarren ist vorüber; jetzt kommt die Stunde der Lampe, der Zeitung, der Pfeife, der Zigarette oder sogar jener kleinen toskanischen Zigarre, die man in Brescia unter den Arkaden rauchte. Unmöglich, im Finstern zu rauchen; und doch sind alle Häuser ohne Ausnahme dunkel. Niemand ist draußen außer dem kleinen Jungen von vorhin. Immerhin rauchen die

Schornsteine. Man kocht die Abendmahlzeiten. Womit die Leute sich wohl ihr Essen beleben? Ich frage mich, ob man im Dunkeln eine Flasche Wein trinken oder auch nur ohne Bosheit atmen kann. Hier haben wir lauter marschfertige ›Rundschädel‹, und Cromwell kann gleich seine Kavallerie ausheben.

Man sagt mir, daß diese Bauern ihr Land im Kontrakt bebauen. Man gibt ihnen die Aussaat, und ihre Ernte wird im voraus von den Zuckerfabrikanten bezahlt. Alles Interesse an der Arbeit ist in Zahlen festgelegt, und es gibt Aufseher. Das muß auf die Dauer Haß erzeugen.

Noch ehe man die Etsch überquert, merkt man, daß dieses Land von Wasser beherrscht wird. Man kommt auf zwanzig kleinen Brücken über Kanäle, über Bäche, über Flüsse und sieht unter hohem Schilf Sümpfe flimmern. Hinter Rovigo wird diese Herrschaft drükkender. Wir haben auf freiem Felde eine Schute mit aufgezogenem Mast und Segeln gesehen, die völlig überflüssig waren: sie wurde von Pferden gezogen, und der Kanal war rechts und links kaum zwanzig Zentimeter breiter als das Schiff selber. Die Schifferkneipen tischen ein Aalgericht auf; aber es sind gesalzene Aale in kleinen Tonnen.

Ich komme immer wieder auf 1848 zurück; man sollte im Hause des Gehängten nicht vom Strick sprechen, aber ich interessiere mich nun einmal für diese Epoche. Nach dem Massaker von Brescia (am 1. April 1849; aber die Zahl ›1848‹ *klingt* besser) flüchtete der Oberst Favaucourt in eine Schifferkneipe in der Gegend von Polesella. Über vierzehn Tage lang ging er unangefochten von Schenke zu Schenke. Als einziges hatte man verlangt, er solle einen Schifferkittel anziehen, was er auch mit großem Eifer tat. Da er den Regimentsbart nicht mehr trug, konnte man ihn nicht erkennen. Er sprach den Dialekt des Landes, denn er stammte aus Villa Manzana. Kurz, die Sache bekam ihm so gut, daß er sogar Fett ansetzte. Die Frauen, die ihm den gesalzenen Aal servierten, gaben ihn, eine an die andere, weiter; und die Schiffer, die so naiv die Segel hißten, taten das gleiche. Er schlief auf Maissäcken in den Schuten. Schließlich wurde er auf irgendeinem kleinen Bauernhof abgeschlachtet. Die Bauern hielten nicht zu den Österreichern, die Favaucourt verfolgten; sie waren sogar immer gegen sie. Erst waren sie leidenschaftlich für die Rechten, dann für die Linken, nicht aus Liebe für die einen oder die anderen, sondern aus Liebe zur Gewalt. Sie fanden es eine einzigartige Gelegenheit, ihr *Geltungsbewußtsein zu stärken,* wenn sie diesen Mann umbrachten, der selbst im Dialekt eine gewisse Gedankenfreiheit nicht völlig verbergen konnte.

Der Po fließt zwischen sehr hohen Ufern. Man ist äußerst erstaunt, wenn man hört, daß er manchmal bis zum Überfließen anschwillt. Die ganze Ebene ist nämlich nur ein sehr weites Tal. Über dies Netz von Rinnsalen, Bächen, Flüssen und Kanälen ergießen sich alle Gewässer von den Alpen her ins Adriatische Meer. Das Gebirge ist nicht fern; wenn die großen Regenfälle zur Zeit der Schneeschmelze anhalten, stürzen die Wasser mit gewaltiger Wucht von den steilen Hängen in die Ebene herab.

Wir kommen beim letzten Tageslicht in Ferrara an. Um diese Zeit ist es in der Stadt schwierig durchzukommen. Eine dichte Menge füllt die Straßen, wo obendrein (man weiß nicht wie) Männer, Frauen, Kinder und sogar Geistliche auf Fahrrädern und Vespas herumfahren. Diese Menschenmenge hat etwas Überraschendes: sie ist nicht gutartig, wie es die Italiener im allgemeinen sind. Ich bemerke sehr schöne Gesichter, die bewußt einen harten Ausdruck zur Schau stellen und sich sogar bemühen, ihn zu übertreiben – offenbar eine ideologische Obliegenheit, nach den Gruppen von Konventsmitgliedern zu urteilen, die ihren Sitz an den Zeitungskiosken haben. Zunächst flößt das keine Angst ein (sie wären tiefunglücklich, wenn sie es erführen); allenfalls hat man ein Gefühl des Unbehagens, als sähe man einem Blinden zu, der sich abquält, eine Sardinenbüchse mit dem Füllfederhalter zu öffnen. Diese von Natur zur Wollust bestimmten Bewohner Ferraras benützen Dinge des täglichen Gebrauchs in sinnwidriger Weise; sie verlieren ihre Zeit und verderben sich die handgreiflichen Glücksmöglichkeiten. Bei näherem Nachdenken fragt man sich allerdings, ob sie nicht im Begriff sind, eine ebenfalls uralte Wollust neu zu entdecken, die man bis vor kurzem (zugunsten der menschlichen Gesellschaft) dem Teufel zu überlassen pflegte. Die heutige Zeit ist wirklich sehr interessant. Man würde den Ferraresen das Herz zerreißen, wollte man ihnen sagen, wodurch sie wirklich interessant sind; denn sie wollen *Königsmörder* sein, alle miteinander und um die Wette; so daß ich auf der Piazza del Castello (wo wir rechts einbiegen müssen) den Eindruck hatte, unter die Figuranten eines Films von Abel Gance geraten zu sein, die obendrein übertrieben zurechtgeschminkt waren. Hier ist wieder ein Ort, an dem man Tabellen aufstellt, um zu einem Glück zu gelangen, das von Termin zu Termin hinausgeschoben wird – Tabellen, von Fachleuten errechnet, die überdies in einem eisigen Klima lebten und leben; während es doch mit diesen Lippen, diesen Augen, diesem Haar und diesem herrlichen Wuchs ein leichtes sein müßte, seiner Natur zu folgen und so auf seine Rechnung zu kommen. Wäre ich Signor Togliatti*, so würde ich den *Marquis de Sade* studieren, um keine Überraschungen zu erleben, wenn ich einmal meine Truppen einsetzen muß. Meiner Meinung nach muß er mit Fahnenflüchtigen rechnen, die sich etwas rascher, als der Fünfjahresplan es vorsieht, auf die Befriedigung ihrer Lüste stürzen werden.

Um bei der ›Lektüre‹ zu bleiben: hier ist alle Welt von einem Feuilleton besessen, das gerade jetzt in der Zeitung erscheint. Man erzählt darin die Streitigkeiten eines Parteiführers und eines Geistlichen desselben Dorfes. Es ist ein politisches Märchen. Man schildert die Dinge nicht, wie sie sind, sondern wie sie sein würden, wenn die Menschen gut wären und wenn es Wunder gäbe. Wenn man dies Feuilleton als Buch herausbrächte, würde es einen Welterfolg haben; es ist mit geschlossenen Augen geschrieben und macht alle Welt glücklich und zufrieden.**

Die motorisierten Geistlichen auf ihrer Vespa sind auf traurige Art drollig. Sie sind jung, vollblütig und lärmend und machen den Eindruck, allen Schwierig-

* *Palmiro Togliatti (1893–1964), Mitbegründer der KPI; Parteiführer zwischen 1944–50 und 1955–64.* *Anm. d. Verl.*

** *Anspielung auf Giovannino Guareschis Roman »Don Camillo und Peppone« (deutsch 1950 erschienen).* *Anm. d. Verl.*

keiten gewachsen zu sein. Es sind genau die Priester, die diese Menge braucht; sie haben eine bewunderungswürdige Anpassungsfähigkeit. Ich habe große Achtung vor den Philosophieprofessoren, aus deren Seminaren diese *Gottes-Chauffeure* hervorgehen. Man kann nicht sagen, daß diese mechanischen Vehikel die Demut fördern (zweifellos hat man das auch gesagt, als der erste Mensch ein Pferd bestieg, oder als die erste Sänfte auftauchte).

Zur Vernichtung des Edelmanns und des Aristokraten hat das Automobil mehr beigetragen als die Guillotine. Bei hundertundzwanzig Stundenkilometern kann von Höflichkeit nicht mehr die Rede sein. Die Menschenrechte selbst sind überholt. Bei fünfhundert oder tausend Kilometern pro Stunde oder bei Geschwindigkeiten, die man bereits interplanetarisch nennt, kommen als Passagiere nur noch eine Art von Insekten in Frage. So weit hat es diese motorisierte Geistlichkeit noch nicht gebracht. Immerhin erinnert ihre flatternde Soutane, wenn man ihnen auf freier Autobahn begegnet, entschieden an die Flügel der Nike von Samothrake – weniger an den heiligen Bonaventura. Hier, wo sie, wie wir, in der Menschenmenge festsitzen, kann ich mir diese Priester in aller Ruhe und aus der Nähe betrachten. Sollten sie jemals ›Stimmen‹ hören, so sind es die Stimmen des Garagisten und der Vernunft.

Ich habe den Eindruck, daß in diesen Reisenotizen die Beschreibungen à la Chateaubriand entschieden zu kurz kommen. Früher hätte es mir sicher Vergnügen gemacht, das Thema ›Sonnenuntergang in der Emilia‹

zu orchestrieren; heute gebe ich gern alle Naturschilderungen hin für ein paar wahre Worte über das Ideal ihrer Einwohner.

Ich schreibe dies in einem Hotelzimmer in Bologna. Sein Preis, 400 Lire, war angeschlagen (es ist auch nicht mehr wert). Trotzdem sollte ich 1200 Lire zahlen, wie der Hausdiener und Schuhputzer behauptete: ein Hans Dampf in allen Gassen und zweifellos noch anderes, nach dem Ton zu urteilen, in dem er mit seiner Herrin sprach. Diese magere, wie eine Romanheldin von Paul Bourget gekleidete Frau litt offensichtlich unter den Beschwerden ihrer fünfzig Jahre und konnte sich kaum noch für andere Dinge interessieren. Der Schuhputzer wollte zeigen, daß er trotz seiner blauen Schürze ein Herr sei, was ich keineswegs bestritt; vielmehr war ich gerade ihm gegenüber besonders höflich. Infolgedessen glaubte er, mich nach Belieben übervorteilen zu können. Er hatte sogar die Frechheit, mir zu sagen, daß dies Zimmer am Mittwoch (es war gerade Mittwoch) und für Leute ›mit meinem Gesicht‹ 1200 Lire koste. Scherze dieser Art machen mich nicht zornig, sondern eher lustig. Ich wartete, bis wir allein waren; dann zog ich diesen Ruy Blas in einen sehr dunklen Korridorwinkel der ersten Etage. Die Dunkelheit und die Dringlichkeit, mit der ich darauf bestand, daß er mir dorthin folge, machten ihn unruhig. Er wußte offensichtlich nicht mehr, wie er sich verhalten sollte. Ich sah, wie er sich verschiedene Möglichkeiten überlegte. Ich habe ihm eine lange, unverständliche Phrase zugeraunt, in der zweimal das Wort *popolo* vorkam. Dann habe ich meine Brieftasche gezückt, als handle es sich um Caserios Dolch und habe ihm verschiedene *Karten* gezeigt – und zwar die Mitgliedskarte des ›Bundes der vereinigten Arbeiter‹ (in Manosque) und eine andere Karte, die mich als zahlendes Mitglied des ›Vereins zur Förderung der Feuerwehr‹ auswies. Sie haben Wunder gewirkt, besonders die zweite Karte, auf der ein Feuerwehrmann dargestellt ist, der in heldenhafter Haltung Trompete bläst.

In einem Partisanenland muß man zu einer Partei – einerlei zu welcher – gehören; und man tut gut, lieber eine zu erfinden, als den *freien Mann zu markieren*. Revolutionen wurden früher vom Volk und für das Volk gemacht. Anfangs lag Geist in der Naivität, sich als *sans-culotte* zu proklamieren. So waren die Revolutionen meines Großvaters und meines Vaters. Ich bin dem Volk viel näher als etwa ein Professor, der ganz links steht. Béranger* rührt mich; ich kann lachen. Heute muß man vor allen Dingen ein Heuchler sein.

Was mich bei dieser Scheinheiligkeit abstößt, ist, daß sie die Manieren der Reichen und Mächtigen annimmt. Der Arbeiter der *Trois Glorieuses*** tanzte hinter den Barrikaden und pfiff auf die Professoren: er nahm sie freundlich in seinen Reihen auf, aber *als einfache Soldaten*. Heutzutage reißt er vor einem solchen Professor die Hacken zusammen und steht stramm. Er hat das Schicksal seiner Klasse jemandem anvertraut, der nicht zu ihr gehört und der ihm sofort beibringt, an seiner Sache zu zweifeln. Er wird ge-

* *Jean-Pierre de Béranger (1780–1857); schrieb Chansons zur Verherrlichung Napoleons I.* *Anm. d. Verl.*

** *Die Trois Glorieuses sind die drei glorreichen Tage der Revolution von 1830.* *Anm. d. Übers.*

schult in Dingen, die sein Instinkt viel besser durchschaut. Ehe er sich noch von seinen alten Vorgesetzten befreit hat, hat er sich selber neue gegeben, die auch nicht viel besser sind. Er kann sich nur noch durch Mittelsmänner befreien, mit andern Worten: überhaupt nicht. Daher die vielen Auslegungen des Wortes ›Freiheit‹, über die er nachdenken soll und mit denen es ihm geht wie einer Henne, die ein Messer gefunden hat. Da er nichts versteht, kann er auch nicht großmütig sein. Das kommt seinen Führern zugute, die er über sich gesetzt hat, anstatt sich selbst einzusetzen.

Politik interessiert mich nicht – auch keine Aufstände, bei denen man zahlreich sein und mit der Masse marschieren muß. Ich habe es nicht gern, wenn ein anderer meine Arbeit tun will. Die will ich selber besorgen. Anstatt dem Beispiel der Reichen zu folgen, die sich aus Angst in Haßgruppen zusammenschließen, ziehe ich es vor, meine Revolution allein zu machen. Ich bin ein schüchterner Tropf, der sich versteckt und, wenn es regnet, ins Wasser springt. Alles ›Gemeinsame‹ mißfällt mir. Sagt mir, daß wir alle ›zusammen‹ glücklich sein werden, und ich fliehe sofort und suche mir eine Möglichkeit, auf meine eigne *façon* glücklich zu werden. Mein Glück besteht genau darin, daß ich es mir selber mit aller Mühe schaffe und dieser Aufgabe mein Leben widme. Hier drohen aufs neue die *Tabellen*. Sie bestimmen, von wann bis wann ich glücklich sein darf. Aber gerade dann gefällt es mir vielleicht, unglücklich zu sein. Man gibt mir Croquetkugeln, Tennisbälle und Lieder. Ich kann aber weder Tennis noch Croquet spielen, und meine Stimme macht mir keinen Spaß. Dagegen liebe ich das Kegelschieben, aber Kegel sind nicht zugelassen, weil das ein umstürzlerisches Spiel ist: fängt man erst einmal an, Kegel umzuwerfen, so wirft man am Ende auch Regierungen um. Das Glück ist kein mathematisches Problem. In seiner Welt sind zwei und zwei nicht immer und nicht für jedermann vier. Wer das Gegenteil glaubt, verliert das, was den Mann ausmacht, mit größerer Gewißheit als durch ›die Schere des Sultans‹.

Wir haben einen kleinen Rundgang durch Bologna gemacht. Mir war eiskalt. Ich mußte in ein Café gehen und zwei Kognaks trinken. Auf der Fahrt durch die Emilia habe ich mich erkältet. Der Alkohol erwärmt mich, und wir gehen zum Essen; es macht mir aber kein Vergnügen, in den Straßen herumzulaufen. Wir essen Bologneser Kutteln im Stammlokal der Autobuschauffeure hinter San Petronio. Dies mir sonst verbotene Gericht entzückt mich und versöhnt mich mit dem Leben. Das Lokal ist traurig und leer; der kleine Zwischenfall mit dem Schuhputzer war im Grunde auch nicht besonders erfreulich, und die Kälteschauer nehmen zu; aber die Bologneser Kutteln sind stärker und behalten schließlich recht.

Wir legen uns, Elise und ich, angezogen in das berühmte Bett zu 1200 Lire (jetzt nur noch 400 Lire). Die Laken sind verdächtig grau: wir müssen ein Handtuch (das uns gehört) über die Kopfrolle legen. Außerdem sind wir gezwungen, alles, was uns in die Hand fällt, auf die einzige, sehr dünne Baumwolldecke zu häufen: Jacken und Mäntel, und, wenn's nach mir ginge, sogar meine Schuhe, um die Decke ein bißchen schwerer zu machen. Ich fühle mich unbehaglich und zittere vor Kälte, aber nur weil ich an den schäbigen Korridor, an die übelriechende Treppe, an die häßliche Heldin von Paul Bourget und an die derbe Männlichkeit des Schuhputzers denke. Sobald ich nicht mehr daran denke (eine Kunst, in der ich Meister bin), wird mir gleich wieder warm.

Was kann man von einer Stadt sagen, die man bei Nacht nur zwei Stunden gesehen hat? Mehr als man glauben möchte. Man muß nur so tun, als kennte man sie wie seine Hosentasche. Gewisse reiche Bologneser sind bestimmte Liebhaber von Bäumen. Die letzten zehn Kilometer der Straße nach Ferrara gehen durch große und schattenreiche Besitzungen. Überall verfangen unsere Scheinwerfer sich in mächtigen Wipfeln. Die Häuser der Via Independenza, auf der wir ankamen, haben eine schöne Einheitlichkeit, die mich an Turin erinnert. Ein kleiner Anflug von Melancholie und Romantik. Neun Uhr abends und scharfer Nordostwind. Im Montagnola-Garten hingen die Bogenlampen wie ein Sternbild über uns. In der Via Independenza gibt es ein nettes Hotel, in das wir hineingingen, in dem uns alles gefiel und das wir wieder verließen, weil es nicht im Zentrum der Stadt lag. Das sehr viel dürftigere Hotel, in dem wir endlich landeten, liegt dafür wirklich im Zentrum. Der Historiker von Padua hat mir eine kleine Geschichte erzählt, die in Bologna passiert ist.

Ein Fabrikbesitzer, der mehr als zweihundert Arbeiter in seinem Werk beschäftigt, läßt für sie ein kleines Stadion mit Schwimmbad, Fußballplatz, Radrennbahn usw. bauen. Die Frau eines Arbeiters bittet ihn um die Erlaubnis, belegte Brötchen und Limonaden im Stadion verkaufen zu dürfen. Die Bittstellerin ist ein authentisches Parteimitglied und hat, nebenbei, sechs Kinder. Acht Tage später beschuldigt man den Fabrikbesitzer, er vergifte das Volk; und die Parteizeitung veranstaltet eine Sammlung für die *Witwen* von drei Taugenichtsen, die mit Kolik im Hospital liegen (und natürlich nie gestorben sind und längst die Arbeit wiederaufgenommen haben). Große Aufregung. Sogar eine eingeworfene Fensterscheibe im Haus des Fabrikbesitzers, der nicht mehr auszugehen wagt und davon spricht, sich den Schnurrbart abnehmen zu lassen. Ehe er sich dazu entschließt, läßt er die ›Verkäuferin‹ kommen. Mit Tränen in den Augen zählt er ihr eine Viertelstunde lang alles auf, was er für die Arbeiter getan hat. Man kann nicht entgegenkommender sein. Und offenbar war es auch allgemein bekannt. Das ›Parteimitglied‹ bekennt, daß es eine von der Gegenpartei hergestellte Limonade verkauft habe. »Unselige«, ruft er aus, »warum haben Sie das getan?« Sie antwortet in aller Einfalt: weil man sie darum gebeten habe. Trotz aller Angst ist unser Mann klug genug, ins Hospital zu gehen. Er findet die Toten zigarettenrauchend in einem kleinen Extrazimmer. »Das bedeutet nichts«, sagt der Chefarzt; »zum Tode Verurteilte rauchen auch und sind doch ein paar Minuten später nur noch Leichen. Aus der Tatsache, daß diese Leute rauchen, können Sie also nichts schließen. Ich bin Arzt und Chefarzt des Hospitals und versichere Ihnen, daß diese Leute, *wenn es sein muß,* nur noch zehn Minuten zu leben haben. Vielleicht wird ihr Todeskampf furchtbar sein, und die zehn Journalisten, die unten warten, werden es bezeugen können.« Man hat diese Angelegenheit den *Limonadenkrieg* genannt. Das *wenn es sein muß* des Chefarztes scheint mir der schönste Ausspruch der modernen Geschichte zu sein. Man hat den Chefarzt um eine Erklärung gebeten. Er antwortete, der Herr X. (der Fabrikbesitzer) sei so ergriffen gewesen, daß er ihn nicht verstanden habe. Er habe sagen wollen, *wenn Gott es will*. Diese Richtigstellung, die keine ist, beruhigt mich keineswegs.

Bologna besitzt das erstaunlichste Kriegerdenkmal der Welt. Es ist grauenhaft, aber in seiner Art vollkommen. Was Schönheit anbetrifft gleich ›Null‹ und sogar ›minus zwanzig‹, aber darauf kommt es nicht an. Es besteht aus einer Mauer mit den Namen der Gefallenen (an der Kirche von San Petronio, wenn ich nicht irre). Jeder Name ist mit dem Photo des Toten geschmückt, und zwar einem Photo, das seine Angehörigen geliefert haben und das sie wohl für das ähnlichste hielten. Und so sehen wir denn den dicken Pausback mit dem hochgebürsteten Schnurrbart, den schwermütigen Träumer mit der Umschnallkrawatte – und all die andern. Vor einem Namen, der von einer Mutter (gewiß keiner ›Heldenmutter‹) mit dem Photo eines blonden Knaben in Kniehosen und Matrosenkragen geschmückt war, sind mir die Tränen gekommen. In diesem Alter wollte sie ihr Kind für immer im Gedächtnis behalten. Ich bin ganz nahe an das Bildchen herangetreten, um meine Rührung zu verbergen und um mir das Gesicht dieses Kindes einzuprägen. Es war noch schrecklicher, als ich gedacht hatte. Das Kind war fromm zum Himmel blickend am Tage seiner ersten Kommunion photographiert worden. Ich liebe dieses Kriegerdenkmal aufrichtig. Diese Phantome am Rande einer der belebtesten Straßen, so dargestellt, wie sie in ihrem bescheidenen Leben waren, sind ergreifender als alle großmächtige Architektur. In den berühmtesten Kirchen, Kapellen und Klöstern genieße ich zwar die Säulen und reinen Wölbungen, aber nichts erweckt meinen Glauben. Vollkommenheit zerstört das Menschliche (das nie vollkommen ist und hochgebürstete Schnurrbartenden hat). Vézelay läßt mich kalt. Geister, die nicht Harfe spielen, kann ich nur lieben oder hassen. Wie viel mächtiger ist eine Drehorgel! Sich in Positur zu setzen und die Kriegsgefallenen in Helm und Lorbeerkranz ans Herz des Vaterlandes gedrängt, *auch wenn es aus Marmor ist,* darzustellen, heißt sie verraten – sagen wir einfacher, *sie nicht lieben*: diesen gutmütigen, dicken, pausbackigen Böttcher, der sterbend derselbe blieb; diesen Bankangestellten, diesen Gerichtsschreiber, diesen an Verstopfung leidenden Lehrer mit dem steifen Kragen, der trotz des feindlichen Bajonetts in seinem Bauch verstopft gestorben ist. Es ist gut, daß die Leute in der Trambahn und in den Autos und die Fußgänger, die vorbeikommen, es nicht vergessen.

Neben diesem bewundernswerten Totenmal steht ein Zeitungskiosk. Eine solche Gedankenlosigkeit ist nur im Lande Machiavellis möglich.

Ich kenne in Frankreich nur ein einziges ähnlich erschütterndes Kriegerdenkmal, wie das von Bologna. Es steht in La Bedoule, einem kleinen Dorf bei Marseille, und hat sich merkwürdigerweise eine Spur von römischem Pathos bewahrt. Es ist aber nicht von der Straße aus sichtbar, die in drei Meter Entfernung vorüberführt. Es besteht aus einem einfachen Steinblock auf einer Böschung, auf dem ein offenes Buch (ebenfalls aus Stein) mit den Namen der Gefallenen liegt. Es war ein genialer Einfall, das Denkmal an einem Ort aufzustellen, wo man sich bequem von der Sonne bescheinen lassen kann, und ihn überdies mit einer Bank zu schmücken, die vor dem Steintisch steht wie ein Sessel vor einem Schreibtisch, auf dem ein dicker Band des *Dictionnaire* von Bayle liegt, den der Herr Professor uns zu benutzen bittet: »Kommen Sie, setzen Sie sich, schlagen Sie nach, hier finden Sie alle Gründe zu glauben oder zu zweifeln.« Setzt man sich (wie ich) auf die Bank, so hat man unmittelbar vor sich die Namen der Toten, und dahinter die Landschaft, der ihr Heimweh galt – sicherlich auch noch in ihrem Todeskampf. Sie ist gar nicht besonders schön – im Gegenteil; aber gerade dadurch wirken die Namen der Toten so rührend und so viel ergreifender als etwa in der Nachbarschaft des Pont du Gard, des Colosseum oder der Abtei von Thoronet.

Wenn der Nordost von den Alpen weht, ist es auf den Alleen und Gassen von Bologna bitterkalt. Nichts hält ihn auf oder mildert ihn, wenn er über die Ebene der Emilia fegt. Man hat ihn (wie heute abend) aus erster Hand. Das Licht ist völlig anders als in Brescia. Es ist im höchsten Grade unheimlich. Als wir um neun Uhr abends ankamen, saß alle Welt im Café und spielte Lotto oder redete über Politik. Ein paar dick eingepackte Gestalten eilten ins Kino, wo die Kassiererin in ihrem Glasgefängnis zitterte und auf Besucher wartete. Man sah ihr an, daß sie nicht viel einnahm. Als wir unsere Bologneser Kutteln gegessen hatten, gingen wir durch die leere Stadt, in der nichts als das

Rascheln der großen dürren Blätter (sicher waren es Platanenblätter) zu hören war, die der Wind übers Pflaster jagte. Wir sind trotzdem ein wenig herumspaziert und haben eine Turmuhr höchst anmutig elf schlagen hören.

Heute früh hingegen ist das Wetter schön; und trotz der dicken schwarzen Wolken, die eilfertig über uns wegziehen, um sich in Richtung Florenz zusammenzuballen, scheint die Sonne. Zu meiner Überraschung sehe ich, daß Bologna eine ›rotblonde‹ Stadt ist. Die Häuser sind aus dem gleichen Stein, den man in Aix-en-Provence *pierre de Rognes* nennt, nur noch farbiger. Padua ist weiß und aus sogenanntem ›kalten‹ Stein (wie etwa jener leicht bläuliche Stein aus den Brüchen im Luregebirge nördlich von Banon).

Scharmützel mit dem ›Schuhputzer‹ beim Begleichen der Rechnung. Für einen teefarbenen Kaffee sollen wir den Preis einer Atombombe zahlen. Es ist ein Vergnügen, ihn in seinen verschiedenen Funktionen (denn er macht alles) zu beobachten. Jedesmal ändert er sein Kostüm. Er setzt die Mütze auf, um das Gepäck hinunterzutragen; er nimmt sie ab, um an den Kassenschalter zu treten; mache ich Einwände, so knöpft er seine Livrée auf, um die Daumen in die Armlöcher der Weste zu stecken; zahle ich, so knöpft er seine Livrée wieder zu; er kommt hinter der Kasse hervor und setzt die Mütze wieder auf, bindet sich die Schürze um und ergreift die Koffer. Er ist, wenn man es recht bedenkt, allein in diesem Hotel, allein mit der Heldin von Paul Bourget, die uns oder vielmehr ihn durch einen Türspalt belauert. Sie trägt ein *peignoir* mit Bändern und Schleifen: ganz Georges Ohnet und Kameliendame.

Das Wetter ist, wie ich es liebe: lau und leicht windig. Dicke, schwere Wolken ziehen eilig durchs grelle Sonnenlicht. Wir müssen uns wegen des Apennin entscheiden. Wir wollen ihn auf keinen Fall ganz auslassen. Drei Straßen kommen in Frage: wir wählen die direkte.

Sieben Kilometer hinter Bologna kommen wir in das Savenatal, und Bologna ist vergessen. Wir fahren durch eine sehr begabte Landschaft (wenn ich so sagen darf). Vor allem hat sie eine ganz ungewöhnliche Farbe erfunden: einen matten Goldkäferton, der ständig zwischen Gold und Grün spielt. Zum erstenmal im Leben wird mir klar, daß man mit den einfachsten Farben die gleiche geistige Neugier erwecken kann wie Sokrates. Mehr noch (denn ich bin nicht so sehr auf Metaphysik versessen): sie beschwingen die Phantasie, wie beispielsweise die Zypressen auf den Terrassen von Subbiano.

Gleich hinter Pianoro überholen wir einen Hochzeitszug, der zu Fuß nach Zula zurückkehrt. Der Wind lüftet die Röcke der Braut. Sie trägt rote Strümpfe, was den Herrn Pfarrer zu einem Scherz veranlaßt. Der Bräutigam läuft mit Bocksprüngen hinter unserm Wagen her. Alle scheinen durch den kalten Wind sehr aufgeputscht und lachlustig zu sein.

Wir verlassen das Savenatal und fahren steil in ein bloßes Scheingebirge hinein. (Ich glaube, wir werden alles in allem und nach vielen Umwegen und Schleifen eine Höhe von 500 Metern erreichen.) In diesem Licht wird man fröhlich. Man sieht alle Einzelheiten und vor allem das pompejanische Rot der Fensterläden einiger stattlicher, grellweißer Bauernhäuser, die zehn Kilometer weit auf den jenseitigen Hügeln liegen. In jedem möchte man leben und sich um nichts kümmern. Man weiß wohl, daß die Leute auch dort ihre Sorgen haben, aber hinter diesen frisch gekalkten Mauern stellt man sich stille kleine Zimmer vor, in denen man mit ein paar Büchern, einem Stapel Papier, einem Tintenfaß und einigen Federn glücklich ist. Ein anderer Grund zur Freude: dies Gebirge verlangt von einem keine Heldentaten (bei denen man sich anstrengen muß). Es begnügt sich mit etwas gesundem Menschenverstand. Hat man gewisse Verdienste, so weiß es hier niemand; aber das Land gibt einem die Versicherung, daß man mühelos glücklich sein kann. Und diese Versicherung beruhigt einen. Der Ikarus-Komplex hat seinen Reiz; aber selbst eine vorbildliche Landung beweist nicht viel. Merkwürdig, daß man das menschliche Abenteuer immer wieder nach Meilensteinen berechnen und jeden Fortschritt als mündelsicheres Guthaben buchen will, da doch der alte Fluch: ›auf deinem Bauch sollst du gehen und Erde essen dein Leben lang‹ alle Weiten der Welt erschließt. Meiner Meinung nach gehört mehr (und ein schönerer) Mut dazu, fünfzig Jahre lang Maurer zu sein, als eine Himalaya-Expedition zu organisieren und durchzuführen. Es ist ein Mut, der etwas beweist! Alter und Jugend haben mit der Wahl, die man trifft, gar nichts zu tun, wohl aber Kopf und Herz. Die Menschen, die von alters her diese kleinen westeuropäischen Vorgebirge bewohnen, haben jedenfalls Kopf und Herz am rechten Fleck und verstehen es, ohne Ekstase und ohne Propheten glücklich zu sein.

Wir kommen in gemütlichstem Tempo nach Loiano

und sind überrascht, ein Hochgebirgsdorf zu finden. Alle typischen Züge sind vorhanden: die langen, schrägabfallenden Dächer, die niedrigen schmalen Fenster und die altvertraute Heimatkunst, mit der sich die Gebirgler während der langen Wintermonate die Zeit vertreiben: Laubsägearbeiten, Verzierungen, Gamsbärte, Blumen, die angeblich aus Adlerfedern gemacht sind, und anderes – auch die großgewachsenen schönen, lässigen Männer, die sich wie unter der Zeitlupe bewegen und in deren Blick ich manchmal ein kleines Zwinkern wahrnehme, das nichts von einem Gebirgler hat. Und Mauleseltrupps, bepackt, als sollten sie bis Zermatt hinaufklettern. Ich suche unwillkürlich am Himmel eine Bergspitze aus Granit und Eis. Man macht mich am östlichen Horizont auf eine Schneehalde aufmerksam, die den zackigen Vordergrund mit einem kleinen weißen Saum versieht. Man muß zugeben, daß der Oktoberhimmel und seine schwarzen Wolkenmassen, die grelle Sonne, die alle Schatten wuchtiger macht, und dazu der rauhe Wind, der an allem rüttelt, entschieden pathetisch wirken, obschon der Monte Nerone nur etwa fünfzehnhundert Meter hoch ist.

Wie dem auch sei, die Luft ist würzig; die Gebirgler haben aus jedem Haus ein Spielzeug gemacht, und mich erfaßt wieder einmal der Wunsch, mit ein paar Büchern, einem Stoß Papier und einem Tintenfaß hier zu bleiben.

Seit wir in Italien sind, spielen wir ›Einkaufen‹. Germaine, Elise, Antoine und ich haben überall Häuser, Villen und Paläste einzeln und gemeinsam gekauft. Wir sind bereits Besitzer (nicht Eigentümer) eines Castello in Brescia, ganz zu schweigen von der Villa Ferraroli, die wir genau so unbedingt haben mußten wie zehn oder zwölf Paläste in Venedig, eine kleine ausrangierte Kapelle in Vicenza, eine Villa in Verona, ein Privathaus in Padua, die Ca Morosini in Polosella und natürlich das Cataio-Schloß in Battaglia Terme (ich weiß nicht einmal, ob wir für letzteres nicht einen der Paläste in Venedig wieder verkaufen mußten, den wir ein wenig unüberlegt erworben hatten). Heute früh habe ich, ohne es irgend jemandem zu sagen, meine persönlichen Besitztümer um sieben oder acht von den großen Gutshöfen mit pompejanischroten Fensterläden erweitert – vor allem auch um jenen einen, der wirklich gar zu majestätisch-leutselig über seinen herrlichen Obstgärten thronte. Ich frage mich, ob ich nicht auch noch eins der Häuser von Loiano hinzufügen soll: kein großes natürlich, eher das kleine bei dem Brunnen, das eine so schöne Aussicht auf die Täler von Bibulano hat.

Ferner gibt es hier die Villa Loup, an der mir aber nichts liegt. (Außerdem muß man sich zu mäßigen wissen.) Sie war mehrere Sommer hindurch Residenz von Pius VII., der hier das Leben eines Märchenkönigs führte. Man sagt, er habe Romane gelesen, und behauptet sogar, er habe – nicht etwa gesungen, das wäre zu viel gesagt – wohl aber vor sich hingesummt.

In dieser Villa Loup haben im Jahre 1859 Bettino Ricasoli, Carlo Farini und Marco Minghetti Italiens Einheit beschlossen. Der Baron Ricasoli, Innenminister in Florenz, war über Firenzuola auf einer Artillerielafette hergekommen. Er war sehr stolz auf seine nadelspitz gewichsten Schnurrbartenden und auf ein dreieckiges Monokel (er hatte sich in seiner Jugend den Knochen über dem linken Auge beim Barlauf gebrochen). Der Commodore Luigi Carlo Farini, sardischer Beauftragter und Bevollmächtigter der Herzöge von Modena und Parma, war ein harmloser dicker Mann, der an einem Nabelbruch litt. Die Höhenluft trieb ihm den Schweiß aus, wogegen er nach seinem eignen Rezept zahllose Tassen heißen Tee trank. Er hatte eine ölige Stimme, die er, trotz seiner kurzen Arme, mit ungeheuer ausladenden Gesten begleitete. Was auch immer zur Sprache kam – er war anfangs stets mit allem einverstanden; dann, im Verlauf der Debatte, wurde er anderer Meinung und endete regelmäßig als der unerbittlichste Vertreter der Opposition. Minghetti, der am 26. März 1861 unter Cavour Innenminister wurde, am 12. Juli 1861 Innenminister unter Ricasoli, am 8. Dezember 1869 Finanzminister unter Farini und schließlich am 24. März 1873 Ministerpräsident, trug 1859 in der Villa Loup noch keine ›Koteletten‹. 1873 aber waren sie ebenso lang wie dicht. Er war der Typus des modernen Staatsmanns. Normalerweise hätte Ricasoli wegen seiner florentinischen Herkunft und seines dreieckigen Monokels der Machiavelli der Bande sein müssen, welche Rolle aber eindeutig Farini übernahm. Er mußte seinen Nabelbruch ertragen und erholte sich bei den Diskussionen, für die er eine besondere Vorliebe hatte. Diese drei Persönlichkeiten, die in Loiano zusammenkamen, um festzustellen, daß sie über alles einig seien, verfeindeten sich innerhalb von fünf Minuten, und zwar tödlich und auf Lebenszeit, ohne es einander oder sonst irgend jemandem zu sagen.

Hinter Loiano folgt die Straße genau der Kammlinie einer Gebirgskette. Man hat auf dem Wege nach Madonna dei Boschi einen herrlichen Blick nach beiden Seiten. Immer schärfer erkennt man zur Linken den schneebedeckten Monte Nerone, über dem die Wolken ein pathetisches Drama aufführen, das niemand ernst nimmt und das einem doch, wenn man es nur will, jenes köstliche Gefühl von Spannung und Melancholie verschafft, wie man es an Tagen empfindet, an denen das Wetter sich von Stunde zu Stunde verschlechtert.

Rechts fällt unser Blick auf wellige Berge und ein Gewirr von Tälern. Manche von diesen Bergen und Tälern sind unbesiedelt; die anderen tragen oder bergen weiße Bauernhäuser mit roten Fensterläden, die wie Klöster aussehen, vermutlich weil sie mit Zypressen ausstaffiert sind, und auch wegen der langen, niedrigen, von kleinen Öffnungen durchbrochenen Gebäude, die nichts anderes als Schweineställe sind, in denen man nebenbei die wohlschmeckendsten Schweine Italiens züchtet.

In Filigare sind wir bereits in der Toskana. Dort lief die alte Grenze zwischen dem Großherzogtum und der Emilia. Das Zollhaus steht sogar noch. »Dies hier«, sagt man uns, »ist der *Zollpalast.*« Er ist aus dem XVIII. Jahrhundert.

Was ich am meisten fürchte, ist ein Leser, der zugleich Besitzer eines starken Wagens ist. Ich glaube allerdings nicht recht an diese Gefahr. Jedenfalls wäre ich in seinen Augen unmöglich; und hat er das Buch nicht schon früher weggeworfen, so wird er es jetzt tun. Alles in allem sind es zehn Kilometer von Loiano bis Filigare. Wenn ich Italien zehnkilometerweise beschreiben wollte, wo kämen wir hin?

Nirgends. Für uns bedeutet das Autofahren nur eine praktische Art *zu Fuß zu gehen*. Wir kaufen, wie gesagt, alle Gebäude, die uns gefallen, und bringen den Motor zwanzigmal am Tage zum Schweigen, um zwanzig verschiedene Arten von Stille zu genießen. Für einen flüchtig erblickten und überholten Torbogen fahren wir hundert Meter zurück. Neunmal in zehn Fällen bringt uns der Torbogen zu einer Treppe, zu einer Terrasse oder zu einem Zimmer, wo man uns eine Geschichte erzählt. Man darf Antoine nie auf einen ›interessanten‹ Ziegenpfad hinweisen: sonst biegt er in ihn ein und läßt dann nicht wieder locker. Er hat mir einmal auf dem Rückweg von Nizza nach Gréoux-les-Bains diesen Streich gespielt, indem er auf dem *direkten* Weg über Bargemon-Lagnerose bestand. Wir haben zwanzig Stunden gebraucht und sind nur zwei Radfahrern begegnet, die noch dazu Holländer waren. Als wir aneinander vorbeifuhren, lachten wir bei dem Gedanken an das, was sie hinter uns erwartete; und sie lachten aus ganz demselben Grunde. Und wir konnten nicht einmal absteigen! Nach dieser Methode sind wir soeben holpernd und stolpernd zu einer unerhört schönen Fichte gelangt. Sie steht allein und riesenhaft auf einem kleinen Schieferplateau, das die Täler überragt und von dem aus man in die düstere Weite der Emilia hinabsieht. Sonne und Schatten laufen drunten über die Ebene und bringen die Dörfer, die Bauernhäuser, die Flüsse, die Kanäle und die ›rotblonde‹ Stadt Bologna zum Leuchten.

Diesen Anblick hat man von der großen Straße aus

nicht. Da wir hundert- und tausendmal für unsere Torheiten belohnt worden sind, machen wir immer neue. Weist einer von uns nur auf einen Baum, ein einzelnes Haus oder ein Wäldchen hin – schon machen wir einen kleinen Abstecher. Und wenn nicht, so bewegen wir uns so langsam vorwärts wie ein Jäger, der auf Wachteln ausgeht.

Kurz vor Passo della Raticosa wechselt die Szenerie. Wir sind auf dem höchsten Punkt der Straße, das heißt neunhundertachtundsechzig Meter über dem Meeresspiegel angelangt. Von diesem Paß aus geht es über Hänge, die man uns als steil bezeichnet hat, in die Toskana hinunter. Übrigens gibt es hier Kiefern und einen eisigen Nebel.

Diesmal, ich gebe es zu, ist es echtes Gebirge, wenn auch à la Byron. Überflüssig, zu schwärmen und mit den Flügeln zu schlagen: es ist ein Genuß! Alles wird einem in der einfachsten, nährendsten und verdaulichsten Form geliefert. Keine Spur von einer kartesianischen Landschaft, keine kornelianische Auseinandersetzung mit dem Granit. Es gibt hier überall Ferienchalets (die um diese Zeit leer stehen) und Jagdhütten. Die Chalets und die paar Kiefern, die uns der Nebel zu sehen erlaubt, erinnern sehr an die ›Tragödie von Mayerling‹. Die Tür der Jagdhütte ist mit einem *echten* Geweih geschmückt. Man sagt uns, daß diese Hirsche, von denen einige vom Huf bis zu den Geweihspitzen zwei Meter messen, in dieser Gegend *umherspuken*. Das genügt: Antoine geht auf Hirschjagd, und wir dürfen ihm im Wagen folgen.

Ich habe mich mit meinen allzu frischen Kenntnissen blamiert. Ich hatte nämlich auf der Karte gelesen, daß es in Pietramala (1500 Meter weit von der Paßhöhe auf der toskanischen Seite) eine charakteristische Sehenswürdigkeit, die sogenannten *Holzfeuer*, gebe – ›Ausdünstungen von Wasserstoff und Protokarbonat, die den Eindruck einer Feuersbrunst machen‹. Ich hatte diesen Satz ganz nebenhin, und als käme er von mir, wiederholt, ohne ein Wort zu ändern. »Protokarbonat?« fragt Antoine und zieht die Bremse. »Ja«, antworte ich bescheiden, »Protokarbonat.« Darauf ein Haltmachen mitten im Nebel und ein Überprüfen der Lage. Ich erkläre (immer sehr bescheiden), um was es sich handelt. Ich weiß nicht, was Protokarbonat ist und kenne seine Wirkungen nicht, beschreibe aber recht anschaulich eine kleine Feuersbrunst in Rom, an die ich mich zum Glück erinnere. Wir geben sofort die Hirsche auf und stürzen uns auf das Protokarbonat.

Eine steile Wegsenkung befreit uns schnell aus dem Nebel. Wir fahren in einen tiefen, etwa einen Kilometer breiten Kessel hinunter und erblicken ein echt Breughelsches Bauernidyll. Ein Mann mit einem Maulesel pflügt ein Feld. Eine kniende Frau in weiten Röcken arbeitet in ihrem Gärtchen. Drei Kinder gehen Hand in Hand spazieren. Ein Junge mit einem Schulterjoch trägt zwei Eimer Milch oder Wasser (aber ich möchte ihn lieber Milch tragen lassen). Eine Frau, die Hände in den Hüften, hütet ihre Hühner. Ein Riese mit einer Heugabel geht mit langen Schritten auf eine Weide zu, die halb in einem kleinen Bach ertrinkt. Ein Herr in Gamaschen mit einer Joppe und einer Feder am Hut ruft jemanden und macht ihm ein Zeichen mit seinem Spazierstock. Und dann, welch ein Triumph! An fünf oder sechs Stellen sieht man Flammen aus der

Erde schlagen und ihren Rauch. »Das sind ganz gewöhnliche Feuer«, sagt Antoine. »Nein«, erwidere ich bescheiden, »das ist Protokarbonat.« Wir sind entzückt. Noch nie haben wir so gut nachgeahmte Feuer gesehen. Ohne die Anmerkung auf der Karte (aber niemand weiß, daß ich sie gelesen habe) und ohne meinen kleinen Vortrag über das Protokarbonat wären wir ruhig an diesen falschen Flammen vorbeigefahren. »Sie sehen wirklich aus wie echtes Feuer«, sagt Antoine. Er hat recht. Wir geraten in Verzückung über das in der Tat erstaunliche Phänomen. Ich beglückwünsche mich und bin unvorsichtig genug (da wir den Tatbestand vor Augen haben), mit einer kleinen zusätzlichen Erklärung herauszurücken, die ein für allemal den Umfang meines Wissens ins richtige Licht setzen soll. Leider bemerken wir dann beim Näherkommen, daß es sich um einfache Laubfeuer handelt, an deren Echtheit nicht zu zweifeln ist.

Wir kommen an der Abzweigung nach Firenzuola vorbei. Vierhundert Meter weiter unten, in einer Schlucht des Santerno, sieht man die alte Burg und die eingezwängte Straße, die sich aus ihren Mauern erhebt und sich im Osten verliert. Auf dieser Straße kam Machiavelli nach Imola. Ich stelle mir vor, wie er Florenz zu Pferde verläßt. Er nahm nicht die Straße über den Futapaß, die wir benutzen wollen; sie wurde erst 1752 gebaut. Er überquerte den Sieve bei San Piero a Sieve, wo sich damals eine Holzbrücke befand, und erreichte über Scarperia die Waldhöhe von Giogo. Gewisse sprichwörtliche Formeln stammen vermutlich von dorther, wie beispielsweise die Einsicht: daß man die Massen besser mit Versöhnlichkeit als mit

Strenge beherrscht. »Dies Problem«, höre ich ihn sagen, »hat schon Tacitus ins Auge gefaßt«; und dabei reitet er über die holperigen Wege dieser einsamen Waldungen, in denen der Geist allein schon gewisse Echos zu wecken imstande ist.

Es versteht sich, daß man Machiavelli auf der Sorbonne zunächst einmal seiner lebendigen Persönlichkeit entkleidet und seine Leiche mit der bewährten scholastischen Schwefelsäure behandelt, ehe man sich näher mit ihm befaßt. Ich würde lieber unter diesen düsteren Eichen sitzen, die ich in der Tiefe des Tals erblicke, und schreiben, meinen Stock nehmen und die Wege gehen, die er gegangen ist. In einigen seiner Briefe hat er seine Reiseroute mit Angabe des Datums und sogar der Stunde vermerkt. Zur gleichen Stunde und in der gleichen Jahreszeit aufbrechen, dieselben Wege und womöglich dieselben Ideen verfolgen – ich glaube, man würde sehr viel mehr lernen. Der bloße Anblick von Firenzuola hat mich mehr gelehrt über die italienischen Republiken des Mittelalters als die zehn Bände des Herrn de Sismondi.* Ich habe allerdings auch die gestrigen Zeitungen gelesen. Darum sage ich, daß man versuchen muß, Machiavells Gedanken zu denken; und das wäre nicht schwer, denn die Menschen haben sich sowenig geändert wie ihre Regierungen.

Wir sind jedoch weniger frei als in früheren Jahrhunderten. Die Parteien sind besser organisiert, und es gibt zahllose Spielarten. Voltaire dürfte heute nicht

* *Jean Charles Léonard Simonde de Sismondi (1773–1842), schweiz. Historiker. »Histoire des républiques italiennes du moyen âge«, Zürich 1807–24.*
Anm. d. Verl.

mehr schreiben. Die heutigen Voltaires sind Vasallen und schwindeln; wir bringen nicht einmal eine Madame de Staël auf die Beine. Alle Augenblicke muß man sich sagen: Ich habe von Leuten gesprochen, die blaue Hemden tragen; aber die Leute, die blaue Hemden tragen, haben ihre Zeitungen, ihre Banken, ihre besoldeten Lügner und sogar ihre Mörder. Nimm dich in acht! Du redest, weil es dir Freude macht, *zu sagen, was du denkst*, aber man wird dir mit deinen eignen Worten das Maul stopfen. Was den Geist vorwärtsbringt, ist dennoch immer nur das, was man mit Freuden geschrieben hat. Die Wälder, die sich von hier nach Santerno hinabziehen und die das ganze tiefe Firenzuolatal ausfüllen, sind schwarz wie Tinte. Daher vermutlich diese pessimistischen, aber nebensächlichen Äußerungen!

Wir kommen über einen zweiten Paß: den Futapaß. Er liegt tiefer als der Raticosapaß, ist dafür aber interessanter, denn er gibt den Blick frei auf die weite Toskana. Das Tal von Barberino di Mugello liegt unter uns. Die Erde hat einen goldschwarzen Ton, auf dem alle Farben wunderbar zur Geltung kommen – in einer so vollkommenen Harmonie, daß auch der Geist nicht zurückbleiben möchte. Kleine, leuchtend weiße Steinmauern stützen die Terrassen der Olivengärten. Angesichts dieser Ölbäume, die so alt und gedrungen sind, daß ihr Laub fast blau wirkt, kommt mir ein einziges – aber ein englisches – Wort in den Sinn: *gorgeous*. Welch ein Unterschied zu den Ölbäumen in der Gegend von Grasse! Hier denkt man keinen Augenblick an ihre antike Herkunft. Es sind stattliche Riesen in jugendlicher Kraft. Ich stamme selber aus einer Vorgebirgslandschaft, wo man die Olivenbäume, um sie niedrig zu halten, immer wieder beschneidet; und doch sehe ich hier zum erstenmal Olivenbäume, die dem Homer, dem Äschylos und Sophokles in unserer modernen Wirklichkeit einen Platz einräumen. Würde jemand in einem dort unten liegenden Bauernhaus anfangen zu klagen – ich würde glauben, die Stimme der Kassandra zu hören. Man läßt hier den Rebstöcken all ihre Triebe. Sie klettern in die Bäume hinein, so daß man zur Lese Leitern benutzen muß. Genau so macht man's im Tal der Isère zwischen Grenoble und Montmélian, weil hier die Gebirgsnähe die Feuchtigkeit festhält und weil die Traube die spärliche Herbstsonne dieser Gegend ganz ausnutzen muß, um zu reifen. Rebtriebe sind meist dünn und lang wie Regenwürmer; hier aber sind es muskelstarke Schlangen. Es würde mich nicht wundern, wenn der Toskaner verschlossen und egoistisch wäre. Auf einer Erde zu leben, die so inbrünstig und fast kostenlos arbeitet und ständig so unverkennbar gesegnet zu sein scheint: das muß das Herz verhärten und zur Menschenverachtung geneigt machen. Ein heller Verstand geht damit gut zusammen.

Vom Panorama habe ich nichts gesagt. Ich denke an verschiedene Beschreibungen, die ich gelesen habe und die allesamt nichts mit der Wirklichkeit zu tun haben. Alle vergessen zu sagen, daß das Land schwarz ist. Die Prospekte der Reisegesellschaften und die Plakate der Eisenbahnen malen uns ein goldgelbes Land unter einem tiefblauen Himmel; und da die betreffenden Künstler manchmal doch Gewissensbisse haben, so malen sie die Hügel rot. Rot, Goldgelb und Azurblau wirken besonders auf die große Masse. Ich bin überzeugt, daß man auf diese Manier viele Leute in die Toskana lockt, wo sie eine Art Le Trayas* zu finden hoffen. Sie müssen enttäuscht sein, wenn sie sich dem düster-leidenschaftlichen Ton der Landschaft gegenüber sehen. Hier ist nichts, was eine vulgäre Seele befriedigen oder gar in Sicherheit wiegen könnte. Nichts ist vorgekaut oder vorgekocht. Man ist nur dreißig Kilometer von Florenz entfernt, und die Luft muß im Sommer wundervoll sein; trotzdem hat kein einziger Gastwirt sich bereitgefunden, am Rande dieser Straße, die eine sehr schöne Aussicht hat, ein Restaurant zu eröffnen – vermutlich weil die Aussicht die gleiche Farbe hat wie die Gedanken, die man vor jedem und auch vor sich selbst sorgsam verheimlichen möchte.

Die Plakatkünstler machen aus dem Schwarz (das nicht verlockt) ein Rot. Nicht etwa das echte, das hier zu sehen ist, sondern das von den Fahnen des 14. Juli, das man am besten mit *Viens Poupoule*** bezeichnet. In der Natur herrscht das dunkle Rotbraun gewisser alter schwarzer Tinten, die man aus Wegdornbeeren herstellte. Im Vergleich mit ihnen ist die Zypresse ein grüner Baum. Sehr wenig Unterschied zwischen der Farbe des Himmels und dem Ton der Ölbäume: ein verwaschenes Blau; das Laub ein wenig mehr aschgrau. Nirgends das krasse Azurblau, das immer wieder die andächtige Bewunderung der Sanguiniker erregt.

* *Badeort an der Côte d'Azur.* *Anm. d. Verl.*

** *Refrain eines sehr volkstümlichen Schlagerliedes.* *Anm. d. Übers.*

Man wird einwenden, daß jetzt der Herbst bereits begonnen hat und daß die Farbe des Himmels im Sommer anders ist. Das ist möglich. Außerdem ist der Himmel heute stellenweise bedeckt. Der kalte scharfe Nordost aber, der an den Mistral erinnert, fegt den ganzen Horizont nach Südwesten und Westen rein. Der Himmel kann dort auch im Sommer nicht heller sein, vor allem im Gegensatz zu den dunklen Schatten, die sich im Osten zusammenziehen.

Ich hasse das Azurblau. Es gibt zu viel Blau auf Erden. Nichts ist banaler als das ferne Blau der Berge. Das erste Mal vergießt man Tränen (wenn man begabt ist); beim zweiten Mal langweilt man sich. Wer sonst nichts zu beißen hat, wird am besten Mathematikprofessor oder Zollbeamter.

In der Richtung, wo Pistoia liegen muß, geht der verwaschene Tintenhorizont in Ocker- und Zinnobertöne mit Purpurflecken über.

Man hat mir versichert, die Toskana ähnle der Gegend um Aix-en-Provence. Beide Landschaften haben in der Tat Charakter; damit aber hört die Ähnlichkeit auf. Die Gegend um Aix hat Geistesgegenwart; auch die um Florenz, aber in anderer Art. Wenn der Bauer aus Palette oder aus Luynes Geld im Beutel hat, fährt er nach Marseille. Gehört er zur Clique, die gerade die Oberhand hat, so macht er in einer politischen Zeitung gemeinsame Sache mit ein paar Anwälten und läßt sich zum Abgeordneten wählen. Ein anderer wird Geschäftsmann und errichtet an der Chausee Benzinpumpen. Jedenfalls aber kümmert er sich nicht länger um den Verputz seines Hauses; und sein Nachfolger denkt genau wie er und würde keine zehn Sous (von 1952) opfern, um den Torbogen seiner Haustür auszubessern. Man merkt es.

Ich bin nicht so blind zu übersehen, daß der hiesige Bauer genau so ›Bauer‹ ist wie der von Palette. Sein Land grenzt aber nicht an die Vororte einer Millionenstadt, die von jeher wegen des Durchzugs der Fremden sehr *modern* war. Venedig hat diesen Nachteil nicht, weil es eine Sackgasse ist und mit seinen Kanälen spielt. In zwanzig Jahren, wenn kein Krieg kommt und die Automobilindustrie noch weitere Fortschritte macht, wird Florenz alle Nachteile einer modernen Stadt haben, die unter ihren Nerven und ihren *vapeurs* leidet. Das Bodenrelief der florentiner Gegend und der Arno (den man ohne seine historische Vergangenheit nicht ernst nehmen würde) sind nicht so anspruchsvoll wie der Mont Sainte Victoire und wirken ganz natürlich. Der Mont Sainte Victoire hat zweifellos eine gewisse und keineswegs lächerliche Majestät; dagegen blickt man vom Futapaß in eine Landschaft, die bei aller Noblesse den Sinn für das tägliche Brot nicht verloren hat.

Wir kommen jetzt in eine landwirtschaftliche Region. Die Rebstöcke und Olivenbäume, der Kohl, die Artischocken, die Luzerne und sogar der Lauch sind sämtlich in Perspektiven à la Louis XV gepflanzt. Ich frage mich, ob Cattani, Borgia, Cavalcanti, Medici, Ubaldini vielleicht auch Namen von Radieschen sind. Etwas vor der Abzweigung in San Piero an der Sieve läuft die Straße neben einer Zypressenallee. Nie habe ich ähnlich hohe Zypressen gesehen. Sie haben offenbar zu nichts und zu niemand eine Beziehung mehr: geschont, aber aufgegeben; und uralt wie die Straßen.

Wir halten. Es genügt, ein Mäuerchen zu überklettern, um sich in die denkbar strengste Dante-Landschaft versetzt zu sehen. Nichts zeugt hier von irdischem Leben. Unter diesen Grabesschatten bekommen selbst die Thymianbüschel den Wert von Symbolen. Die Allee mündet in ein Korkeichenwäldchen. Antoine geht zurück, um den Wagen zu parken, während wir mitten in dem Eichenwäldchen ein höchst abschrekkendes Gebäude aus dem 15. Jahrhundert entdecken. Diejenigen, die den Plan zu dieser Burg entwarfen, waren Menschenkenner. Selbst der sogenannte *Judas* fehlt nicht, durch den man seine nächsten Freunde bespitzeln konnte. Die Kemenate – man erkennt sie an einer gewissen Zärtlichkeit der schmiedeeisernen Arbeiten – nistet hoch oben. Eine Schießscharte ist auf den Balkon gerichtet. Diese Leute wollten sich nicht betrügen lassen: es handelte sich aber weniger um Eifersucht als um wohlbegriffene Kriegskunst. Dieser Balkon diente als Lockmittel. Es gibt zwei Türme. Einer verteidigt das Eingangstor, der andere weist auf Verzweiflungstaten hin: all seine Öffnungen sind ganz klein, und die unterste liegt fünfzehn Meter über dem Erdboden wie bei einem Leuchtturm, der dauernd von Sturzwellen bedroht wird in einem Lande, wo selten schönes Wetter ist. Selbst sehr alte Gärten hinterlassen Spuren, und seien es auch nur Buchsbaumreihen oder Bäume, die trotz des wuchernden Holunders eine gewisse Ordnung beibehalten. Hier nichts davon. Auch an den Wald hat man nicht mehr gerührt, als es ein Eber getan hätte. Nichts als diese Zypressenallee; und sie spricht einzig und allein vom Tode.

Beim Verlassen dieser Stätte sieht man die bebauten

Felder mit andern Augen als zuvor. Man bemerkt, daß kein Zaun sie schützt und daß trotzdem nichts gestohlen wird. An einem der großen Rebstöcke, der sich nahe der Straße um einen Maulbeerbaum schlingt, hängt eine vergessene Traube. Niemand pflückt sie.

Von Pratolino herab sieht man nun auch Florenz.

Der in das Pflaster der Piazza della Signoria eingelassene Stein, der die Stelle bezeichnet, wo Savonarola verbrannt worden ist (man sehe sich das Bildnis dieses ›Agitators‹ in der anmaßenden Zelle von San Marco an) trägt die Inschrift: ›Versprich nie etwas‹ (will sagen: man könnte dich zwingen, dein Wort zu halten). Man fragt sich, wie ein Mann, der solche Lippen und eine solche Nase hatte, je hat versprechen können, *das Feuer zu durchschreiten* – was ein Mensch doch nur in äußerster Not je auf sich nehmen wird.

Man soll seine Gaben niemals vor Händlern übertreiben: sie werden sonst zu unheimlich begabten Marionetten. Fra Angelico war sehr viel verschlagener: mit seinen lieblichen Farben arbeitete er friedlich und auf dem Umweg über Gott für den italienischen Fremdenverkehr. Will man die Florentiner der großen geschichtlichen Epoche sehen, tut man gut, nicht ins Kloster San Marco zu gehen, sondern in die Kirche San Marco. Man lasse sich aber von der aus dem Jahre 1780 stammenden Fassade nichts vormachen! Das Kircheninnere stammt ganz aus der Epoche der Leidenschaften, der Kavernen.

Zunächst glaubt man ins ›Maxim‹ geraten zu sein, wie es um 1900 aussah. Überall Fransen und Vorhänge: jene Mischung von Gold und Purpur, an der sich Stiere und alte Minister entflammen. Hier aber handelt es sich um raffiniertere Wirkungen. Alles scheint so angelegt zu sein, als wolle man den alten Mythos (warum soll ich mich nicht auch dieser bequemen

Formel bedienen?) des *toten* oder gar des *zerstückelten Königs* beschwören. (›Wenn dieser Mann so bedeutend ist, laßt uns ihn töten; dann kann er uns nicht mehr entgehen. Laßt uns ihn in Stücke schneiden; dann nimmt er unter uns einen größeren Platz ein.‹) Die Mauern empfangen ihr Licht von Vitrinen, in denen sich unter elektrischen Lampen ein ganzes Museum von rosa Schleifen und Bändern befindet. Es sind die Reliquienschreine, in denen man heilige Finger, Zähne, Kniescheiben, Schulterblätter und sogar heilige Eingeweide betrachten kann.

Vor diesen Vitrinen kann man die kleine Stenotypistin knien sehen, die um eine Gehaltszulage oder um ein Geschenk von ihrem Freund bittet und zur Bekräftigung eine Nelke vor dem Glasgefäß mit der Gallenblase niederlegt. Sehr viel mehr aber beeindruckte mich der Anblick von drei Frauen, die ganz in ihr Gebet versunken waren. Auch Männer sieht man hier, deren Beruf nicht immer leicht zu erraten ist: etwa einige Arbeiter; aber die Mehrzahl der männlichen Gläubigen scheint jener Schicht anzugehören, die sich mit Vorliebe dunkelblau kleidet und sichtbare Sorgfalt an ihre Krawatte wendet. Die Frauen, von denen ich eben sprach, scheinen zwei Töchter zu sein, die ihre Mutter begleiten – offenbar sind alle drei Verkäuferinnen vom Gemüsemarkt. Nie in meinem Leben hat mich etwas so sehr für die Religion eingenommen wie die Haltung und das Betragen dieser drei Frauen. Zweifellos beteten sie um etwas sehr Wichtiges. Ich beneidete sie um ihren Stolz und ihre vertrauende Gelassenheit.

Vielleicht steht unserer an menschlichen Trümmern

aller Art so reichen Epoche eine bessere Zukunft bevor. Ich blieb längere Zeit stehen neben diesen so ungewöhnlichen Frauen, wobei ich mein Betragen, um sie nicht zu stören, nach dem meiner Nachbarn richtete. Es ist so leicht, sich den Anschein von Frömmigkeit zu geben, daß ich an der Aufrichtigkeit der mich umgebenden Personen, deren Haltung ich aufs genaueste nachmachte, zu zweifeln begann. Man kann übrigens diese anatomischen Fragmente nicht längere Zeit betrachten, ohne daß man an die makabren Vorgänge denkt, durch die sie in diese Vitrinen gelangt sind. Mit viel Kunst und Überlegung wird der Betrachter eingeladen, sich in sich selber zu versenken. All diese mumifizierten (und trotzdem ziemlich schlecht erhaltenen) Fleisch- und Knochenreste sind mit Bändern, Spitzen und Schleifen *à la Dubarry* geschmückt, und die Finger, Zähne und Kieferstücke liegen auf rosa Samtkissen. Die Pokale mit den Eingeweiden sehen aus, als kämen sie aus einem *boudoir*.

Die Leute, die hier ständig aus und ein gehen, scheinen keineswegs in irgendeiner bestimmten Absicht gekommen zu sein, sondern nur, um im Vorbeigehen einen kurzen Besuch abzustatten, was durchaus dem Geist des Volkes entspricht. Als ich gerade dabei war, mich mit einem *mea culpa* vor die Brust zu schlagen und in mich zu gehen, fiel mein Blick auf die Gesichter meiner Umgebung. Alle waren reinstes ›*quattrocento*‹. Um so komischer wirkt es, daß der Apotheker, der einem das Aspirin verkauft, wie alle Apotheker aussieht, nur daß er italienisch spricht. Und wenn man auf dem Domplatz in die Trambahn steigt, glaubt man in Marseille oder in Toulouse zu sein.

Da ich einen Nagel in meinem Schuh hatte, bin ich zu einem Schuster in der Via de Cerchi gegangen. Der Arbeiter, der mir voll Zuvorkommenheit den Nagel auf seinem Schusteramboß herausschlug, sah Zug für Zug genau so aus wie der almosensammelnde heilige Petrus in der Brancacci-Kapelle. Der kleine Laden war von einer Petroleumlampe erhellt, während die Reliquienschreine in San Marco elektrisch beleuchtet sind.

Eine Versammlung auf dem kleinen Platz links neben der Post erregte meine Neugier. Man hat nach meiner Ansicht nicht das Recht, sich um die Politik eines fremden Landes zu kümmern; man verfällt leicht einer allzu billigen Ironie. Demgemäß hielt ich mich so lange zurück, bis ich zu meiner Verwunderung bemerkte, daß sich unter den zusammengelaufenen Leuten keine Frauen befanden. Die verschiedenen Gruppen redeten lebhaft aufeinander ein und waren sichtlich leidenschaftlich erregt. Aus schierer Höflichkeit blieb ich über eine Stunde abwartend auf meinem Platz und versuchte das Geheimnis der allgemeinen Aufregung zu ergründen. Da das typische Anschwellen und Verebben bei allen Verschwörerversammlungen, und seien sie noch so harmlos, ausblieb, entschloß ich mich endlich näherzutreten: es war eine Briefmarkenbörse. Und wieder sah ich – diesmal im Freien und im hellen Licht des Tages – genau dieselben Buondelmonte, Donati und Alberti, kurz, lauter Guelfen und Ghibellinen, wie in San Marco.

Alles wird hier mit Leidenschaft betrieben, selbst das Herausziehen eines Nagels aus einer Schuhsohle. Elise und ich haben uns neulich abends auf der Terrasse eines Cafés königlich amüsiert. Drei Schritt von uns befand sich ein etwa vierzigjähriger, etwas korpulenter und zweifellos in ein Korsett geschnürter Mann, der eine kurze, vorn sehr weit ausgeschnittene Jacke trug, ferner fast trikotartig anliegende Hosen und blankgeputzte Schuhe, die vernehmlich knarrten. (Ich erinnerte mich, daß in meiner Jugend mein Vater gleichsam als Zugabe zu seinen sehr begehrten Schuhen ein Pulver verkaufte, das die Sohlen knarren machte. Es fand viele Abnehmer in Manosque und unter ihnen vor allem einen Blinden aus dem Hospiz, der ausdrücklich hierfür seine drei Sous zusammensparte.) Unser korpulenter Mann blieb stehen, zeigte seine Waden, warf sich in die Brust und ließ seine Schuhe knarren. Er hatte einen stattlichen schwarzen Schnurrbart und sah genauso aus wie der Zigeunergeiger, der die obligate Gräfin oder Prinzessin entführt – nur daß er überaus grimmig dreinschaute, die Brauen zusammenzog und heftig durch die Nase atmete; so daß er wirklich schrecklich würde ausgesehen haben, hätte nicht ein gewisser alberner Ausdruck, von dem er selber nichts wußte, alles wieder zerstört. Es war ein Konzert angesagt worden. Ein Strom von Leuten drängte sich durch die Tische und Stühle. Es gab viele Ausländer, unter ihnen auch ein paar Franzosen, vorwiegend aber Engländer und Engländerinnen, die man leicht an ihrer weißen Hautfarbe erkannte, ferner Deutsche – Männer und Frauen –, sowie auffallend gut angezogene und mit mathematischer Präzision geschminkte Italienerinnen. Dieser ganze Menschenstrom mußte wenigstens einmal an jenem Monument vorbeifließen, das sich in der Mitte des Hauptwegs aufgebaut hatte. Wenn Frauen sich diesem Manne näherten oder ihn gar streiften, geriet er fast außer sich. Er richtete sich kerzengerade auf, die Augen quollen ihm aus dem Kopf, und seine gespielte Erregung war so stark, daß man Mühe hatte, nicht für ihn zu erröten. War dann die Frau vorbei, so ging er in die Knie wie ein abgestiegener Reiter, der sich's in seiner Lederhose bequem macht. Dann kam die nächste Frau dran. Dieses Auf und Ab dauerte ohne Unterbrechung von neun bis elf Uhr abends; und als wir zu Bett gingen, war es immer noch im Gange.

Die Konzerte auf der Piazza della Repubblica sind unsere ganze Freude. Das kleine Orchester besteht aus einer Geige, einer Klarinette, einer Trompete, einem Saxophon und dem Schlagzeug, nebst einer Sängerin und einem Sänger; alle sind vorzügliche Musikanten. Man kann, ohne sich lächerlich zu machen, behaupten, daß sie die verschiedenen Klangfarben mit Mozartschem Raffinement zu vermischen wissen. Ihr Spiel ist bald zärtlich, bald übermütig und häufig tiefsinniger, als man glauben möchte. Das entgeht keinem. Ich mag die moderne Musik nicht; hier aber handelt es sich nicht um eine Musik, die um jeden Preis etwas *bedeuten* will. Diese sechs Musikanten tragen keine berühmten Namen und bilden sich nicht ein, Gottes Stellvertreter auf Erden zu sein; aber sie machen jeden Abend in aller Unbefangenheit fünfhundert Leute mit ihren Improvisationen glücklich. Denn sie improvisieren wirklich! Sie kommen und steigen auf das Podium, wo sie sich auf die natürlichste Weise zu Hause fühlen, ohne sich deshalb gehen zu lassen. Und dann fangen sie an zu spielen, als führen sie ganz einfach fort zu leben. Alles, was sie tagsüber getan haben und was sie morgen zu tun gedenken, verwandelt sich ihnen in Musik; und was sie gerade denken, setzt sich jeweils in neue Rhythmen und Klänge um. Das Ganze wirkt wie eine Unterhaltung geistreicher Leute. Sie antworten einander, lachen, machen Witze mit ihren Instrumenten, erzählen sich intime Geschichten, machen ihre Glossen, beichten, brechen in Lachen aus oder werden böse und sagen hin und wieder etwas sehr Menschliches, sehr Wahres, das einen ganz nachdenklich stimmt. Die Sängerin (ich glaubte zu verstehen, daß sie Sandonnacci hieß) hat eine nette Allerweltsstimme und singt die gleichen Melodien, die man sich im Badezimmer vorzusingen oder vorzupfeifen pflegt. Der Sänger ist ein Operntenor und vertritt die lyrische Seite des Lebens. Er kommt aber nur alle halbe Stunde zu Wort. Wenn er sich in Positur setzt, eilen die Spaziergänger von allen Seiten herbei und umgeben das Podium mit einem leuchtenden Fries erwartungsvoller Gesichter. Er singt Verdi-Melodien. Ist das lang ausgehaltene hohe C vorüber, so bricht der Sturm applaudierender Hände los, und man hört Schreie der Bewunderung, die sich einfach nicht unterdrücken ließen. Von unserm Tisch aus bemerke ich in den Arkaden einen kleinen, andächtig zuhörenden Soldaten. Er ist zweifellos ein Soldat zweiter Klasse und in seiner ziemlich verwahrlosten Uniform das genaue Gegenteil der prachtvollen Turiner Kriegergestalten. Offenbar ist er hierhergekommen, um wenigstens für ein paar Augenblicke kein Soldat mehr zu sein.

Vergleicht man die Florentiner mit den Leuten, die das Land zwischen Brescia und Venedig bewohnen, so wirken sie auf den ersten Blick wie Engländer. Sieht man aber näher zu, so bemerkt man, daß diese Anglomanie zwar künstlich, aber darum doch keine Modesache ist: dazu hat sie zu tiefe Wurzeln. Die Florentiner Geschichten sind voll von solchen Pokerspielern, die ihre Erregung hinter Kälte verbergen, aber aus Leidenschaft plötzlich aufflammen. Es sind ›Politiker‹.

Die großen Gebirge, das Meer, die Wüste, die Länder, die von Zyklonen und Orkanen heimgesucht werden, haben stets Interessantes zu bieten. Die Florentiner Landschaft ist nur schön. Um jedoch einen Menschen zu zerstreuen und von sich selber abzulenken, bedarf es der Abwechslung – in dieser Hinsicht kann selbst das Häßliche willkommen sein. Hat man alles versucht, so greift man auf den jederzeit so bequemen Egoismus zurück und sucht ›das größte Stück zu erwischen‹. Unter einem eisigen Himmel würde Florenz mindestens drei Rugbymannschaften und zwanzig Turnhallen haben, wo man Boxen und sogar Jiu-Jitsu lehren würde. Statt dessen gibt es hier die furchtbare Sommerhitze, von der nur die politischen Parteien profitieren.

Wie überall, ist man natürlich auch hier entweder ›rechts‹ oder ›links‹; aber man gehorcht dabei weniger seinem Ideal als seinem Temperament. Es gibt infolgedessen ebenso viele ›rechte‹ und ›linke‹ Varianten, als es Einwohner gibt. Neutral bleibt keiner. Soweit ich beobachten konnte, spielen die Zeitungen und die Schlagworte keine entscheidende Rolle. Ich habe mir sagen lassen, daß die Leute sogar in den heißen Hundstagen selbständig zu denken versuchen. Jeder ist zunächst mit sich selbst beschäftigt. Bei größeren politischen Ereignissen wimmelt es auf allen Plätzen und

Straßen – von Spekulanten. Auf der Briefmarkenbörse habe ich mit eigenen Augen verschiedene Dantons, Marats und Robespierres gesehen, die sich ebensogut und mit dem gleichen Vergnügen damit beschäftigen könnten, Blut zu vergießen wie über das Glück der Menschheit zu predigen – aber nur ein paar Tage lang und wenn es nicht regnet und weil sie dabei ihren Hut quer auf den Kopf setzen können. Ist der Reiz des Vergnügens vorbei (wofür sie eine feine Witterung haben), so suchen sie sich ein neues: jeder für sich. Die Aufteilung und Etikettierung allgemein anerkannter Werte ist hier nur ein bequemes und oberflächliches Mittel, die Wahrheit zu verbergen. Die wahren politischen Parteien verteilen sich auf die christlichen Kardinaltugenden, auf die läßlichen Sünden und auf die Todsünden.

Das wird selbstverständlich und auf die natürlichste Weise unter der Maske kalter Gelassenheit versteckt. Sobald man unbefangen diesen Punkt berührt, plaudern die Leute in der liebenswürdigsten Weise alles aus und legen eine bedenkliche Beflissenheit an den Tag, ihre gute Gesinnung zu beweisen. Aber diese Anstrengung bringt sie sehr bald außer Atem.

Man muß diese Talleyrands gesehen haben, wenn sie nicht mehr Taxichauffeure, Hotelportiers, Kutscher oder Kaffeehauskellner sind, das heißt, wenn sie jeden Gedanken an Trinkgeld verbannt haben. Diese Leute sind nie süßlich, was sie mir besonders sympathisch macht. Die Tugenden wie die Laster sind allesamt klar und scharf und kampfbereit (sogar für den *Straßenkampf*). Ich habe Leute gekannt, die den schlichtesten demütigsten Glauben hatten und ihn wie gehacktes Blei verfeuerten und bei jedem Schuß ins Schwarze trafen. Dem einzelnen gegenüber ist man verloren. Nur wenn sie zu mehreren sind, hat man Aussicht, sich durchzusetzen; denn sie sind niemals untereinander einig. Es sind alles so kräftige und scharf profilierte Persönlichkeiten, daß sie, auch wenn sie merken, daß man sie gegeneinander ausspielen möchte, lieber den kürzeren ziehen, als darauf zu verzichten, ihren natürlichen Bundesgenossen eins auszuwischen.

Alles, was ich gesagt habe, bestätigt sich in der Fassade des Palazzo Pitti oder des Palazzo Strozzi. Leidenschaftliche Menschen sind selten geistreich. Und weil ich selber nicht eben geistreich bin, nehmen sie mich ernst und erweisen mir die Ehre, mir nicht über den Weg zu trauen und mir sogar, wenn's sein muß, ihr Herz auszuschütten. Spricht man dagegen mit ihnen so, wie man in Paris sprechen würde, dann verschanzen sie sich hinter drei Meter dicken Mauern, die allenfalls in fünf Meter Höhe ein paar Schießscharten haben. Man bekommt nicht einmal jenes Lächeln zu sehen, hinter welchem die Leute in der ganzen Welt ihr Mißtrauen so eindeutig zu verstecken pflegen. Man darf nicht einmal mehr vom guten oder schlechten Wetter reden. Die letzteren Worte vertragen die allerverschiedensten Auslegungen und sind imstande, den Sprecher bis in sein Innerstes zu enthüllen und damit an den Galgen oder doch wenigstens in einen entsprechenden Ruf zu bringen – was aufs gleiche hinausläuft. Zu jeder noch so unbeabsichtigten Anspielung wird man von seinem Gesprächspartner ebenso ernsthaft wie herzlich beglückwünscht. Wiederholt sich der

Fall, so wird er sich fragen, worauf man *eigentlich* hinauswolle, was ein dreißig Sekunden langes eisiges Schweigen zur Folge hat. Spricht man weiter, so wird die Lage bedenklich.

Ich habe miterlebt, wie Franzosen erheblich in die Enge getrieben wurden. Sie wollten brillieren und gaben sich nur aus. Man fragte sie ohne Umschweife: »Wozu dieser ganze Aufwand?«, was sie aus allen Wolken fallen ließ. Sie wollten sich nur einen angenehmen Abend verschaffen. Niemand glaubte es ihnen. Man hielt sie für noch gefährlicher als zuvor; und da niemand ein Risiko laufen wollte, so stand es fortan für die Franzosen fest, daß die Leute hier unverbindlich und verschlossen sind.

Das Gegenteil ist der Fall; nur muß man zunächst einmal wissen, daß es hier kein Auditorium gibt. Man kann sich nicht etwa an den Kamin lehnen und zu fünf Personen auf einmal sprechen, in der Erwartung, alle fünf für sich interessieren zu können. Jeder einzelne ist ein so ausgebildetes Individuum, daß man, sobald man einen von ihnen für sich gewinnt, notwendig die andern vier verliert. Sie haben absolut nichts miteinander gemeinsam. Und was viel schlimmer ist: man stört das ganze Spiel. Handelt es sich um Leute, die regelmäßig zusammenkommen, so befolgen sie allesamt ein überaus kompliziertes System ungeschriebener Verhaltungsmaßregeln, das ihnen erlaubt, ein oder zwei Stunden miteinander auszukommen und so wie es sich gehört den Schein zu wahren. Würde derjenige, den man interessiert, sich dies merken lassen – und wär's auch nur durch ein Zwinkern oder ein Gebrumm –, so hat er auch schon, zustimmend oder ablehnend, seine eigene Überzeugung verraten. Das ganze System ihres Friedens muß neu aufgebaut werden; und alle sind böse auf den Störenfried. Um dies zu vermeiden, mithin aus Gründen erlesenster Höflichkeit, hören sie einem nicht zu. Im persönlichen Zwiegespräch aber kann man sich Freunde von einer seltenen Zuverlässigkeit erwerben, vorausgesetzt, daß man nicht um jeden Preis der Klügere sein will (denn dann zieht man den kürzeren), und daß man, wie es sich für einen Ausländer gehört, seine Nase nicht in Dinge steckt, die einen nichts angehen. Man tut darum immer gut daran, die Leute einzeln und nacheinander kennenzulernen.

Diese Freunde tun alles, was gute Freunde zu tun pflegen. Man kann alles von ihnen haben – nur nicht *ihre Sonne:* ich meine jene künstliche Beleuchtung, die ihre eigenste Erfindung ist und in deren Strahlen sie leben und weben, wie ein Filmstar im Licht der Scheinwerfer. Infolgedessen – und auch das muß man wissen – darf man niemals das Licht auf sich zu ziehen suchen. Immerhin darf man sich *unter vier Augen* in Szene setzen. Das ist sogar empfehlenswert, da einem späterhin ein bescheidenes Auftreten um so höher angerechnet wird. An Bescheidenheit unter vier Augen glauben sie nicht; eher würden sie an schwarzen Schnee glauben – so unheimlich ist sie ihnen.

Trotzdem ist der Freund einem hier treuer ergeben als in den Ländern der Vernunft und Logik. Vor allem stellt er nicht jenen närrischen Vollkommenheitsanspruch, sondern er liebt den Freund genauso wegen seiner Schwächen wie wegen seiner Vorzüge. Ist man in einer bedrängten Lage, so wird er nicht seine Zeit damit vertun, einen in allem, was man tut oder sagt, zu beobachten und zu kritisieren, sondern wird sich, wenn's nottut, in den Kampf stürzen und allen skeptisch dreinblickenden Nörglern Säcke voll Sand in die Augen werfen. Natürlich ist nicht alles an dieser Handlungsweise nur reiner Edelmut – unser Freund will zugleich auch im vollen Licht des Scheinwerfers bleiben. Immerhin sollten wir zugeben, daß eine solche ›Glanzrolle‹ auch ihr Risiko hat, dem die nordischen Freunde meist allzu schamhaft und allzu ängstlich aus dem Wege gehen. Ich kann mit einem selbsterlebten Beispiel aufwarten. Es handelte sich ganz einfach um einen Angestellten, der Unterschlagungen begangen hatte. Daraufhin wagte einer seiner Freunde sich für ihn so weit vor, daß er unter irgendeinem fadenscheinigen Vorwand die Firma angriff, die seine Buchhaltung hatte kontrollieren lassen. Er zweifelte keinen Augenblick, daß er verlieren würde; aber er erklärte mir, ungefähr mit den Worten des Jesuiten im *Barbier von Sevilla*: daß immer etwas hängen bleibe. Aus lauter Freundschaft übertraf er sich in Spitzfindigkeiten. Es hieß, er habe das Glück gehabt – ich selber würde sagen: das Talent –, einen ganz bestimmten Punkt zu finden, wo die Firma nicht unangreifbar war, die daraufhin die gerichtliche Verfolgung zwar nicht einstellte, statt dessen aber einwilligte, sich gütlich mit ihm zu vergleichen. Einer so bedingungslosen Ergebenheit begegnet man nicht oft im Leben. Dieser wackere Florentiner hat mir folgenden ebenso rührenden wie für seine Stadt bezeichnenden Satz gesagt: »Diese Geschichte hat Ihnen kein Hiesiger erzählt.« Ich gab zu, daß es in der Tat ein Pisaner war.

Dies alles ist typischer für Florenz als die Loggia dei Lanzi und der Ponte Vecchio. Es gibt hier keine romantische Schwermut wie in Brescia, Verona und Vicenza; trotzdem lacht man selten. Man kann mit dieser Stadt nicht spielen wie etwa mit Venedig. Florenz besteht aus ernsthaften Menschen, die nichts Wertvolles den körperlichen Freuden überlassen. Ludwig XV. wäre hier unvorstellbar. Statt mich ausschließlich an der alten Architektur zu begeistern, habe ich lieber ein wenig Zeit damit verbracht, mich zu fragen: ›Bringen die Florentiner das Essen der Kleidung zum Opfer, wie ich es längs der Straße von Mailand nach Padua immer wieder erlebt habe? Und irre ich mich, wenn ich die Antwort auf diese Frage als wichtig für Florenz ansehe?‹

Wir wohnen hinter dem Palazzo Vecchio, an der Ecke des Borgo de' Greci. Ich brauche nur die Straße hinunterzugehen, um sogleich auf die Piazza Santa Croce zu stoßen. Es ist ein rechtes Hausfrauenviertel; und wenn ich frühmorgens hier ankomme, begegne ich lauter kleinen Stenotypistinnen, Bankbeamten, Kaufhausangestellten und Buchhaltern. Im Piemont und in der Lombardei wäre jeder von ihnen außerdem (und wenigstens) Mitglied von König Artus' Tafelrunde. Diese Leute hier sind offenbar ganz anders, als sie in Paris oder Marseille sein würden; was sie aber wirklich sind (bzw. das, was sie in ihren Träumen zu sein wünschen), ist nicht leicht durchschaubar. Auf den ersten Blick haben sie für Kleidung nicht viel übrig, sondern geben anscheinend gern etwas fürs Essen aus. Ich sehe keinen einzigen romantischen *beau* und keine einzige Kino-Fee. Fünfzigmal komme ich und sehe fünfzigmal die gleichen Personen. Man gewöhnt sich nach und nach an mich, wünscht mir guten Morgen und guten Abend, lächelt mir zu; aber das, was ich suche, finde ich nicht: ich meine jenes Paar nagelneuer und *absichtlich* an einem Wochentag eingeweihter Schuhe, dazu die großfürstliche Krawatte und den entsprechenden Hut – lauter Kleinigkeiten, bei deren Anblick man sich sagt: ›Mein Lieber, du bist der Versuchung erlegen und wirst dir nun zwei Monate lang keine frischen Brötchen zu deinem Milchkaffee gönnen.‹ Ich spreche von den Männern, weil ich immer gefunden habe, daß sie viel eitler sind als die Frauen, die ich aber auch im Auge behalte – und ebenfalls umsonst.

Ihren Kleidern nach könnten sie aus Paris sein, so sachlich und geschmackvoll zugleich sind sie angezogen. Selbst die Frauen sind entschieden um eine betonte Schlichtheit bemüht. Es ist Herbst; fast alle tragen graue Straßenkostüme. Durch ihr Gesicht weisen sich diese Männer und Frauen als florentinisch aus. Ich will nicht sagen, daß sie schön sind (einige sind sogar sehr häßlich); und ich behaupte auch nicht, daß man ihre Gesichter auf den alten Bildern findet. Was aber typisch florentinisch an ihnen ist und was man gleich bemerkt, ist ihr ungestilltes Verlangen: etwas anderes zu sein, als was sie sind.

In der Lombardei und in Piemont macht das keine Schwierigkeiten: was man sich ausdenkt, führt man auch aus. ›Dieser breitrandige Hut steht mir gut; er unterstreicht die ovale Form meines Gesichts und gibt mir etwas Nobles, Mutiges, Großzügiges usw. Hab' ich das Geld beisammen, *kauf' ich ihn mir* und bin dann eben nobel, mutig, großzügig usw. Ich muß mich nur noch so zeigen, wie *er* es verlangt. Wenn ich diese rote Krawatte, jenes schwarze Hemd, diese weiße Flanelljacke haben möchte, so ist der Grund immer der gleiche: ich will mit ihrer Hilfe das werden, was ich eben nicht bin. Dafür kann man schon etwas bescheidener essen.‹ Alle romantischen Romanleidenschaften spazieren mit ihrer Etikette auf der Straße. Und das Lustigste ist (wenn man so will), daß diese kostümierten Leidenschaften beim geringsten Anlaß ihre Rollen aufs natürlichste in die Wirklichkeit umsetzen. Ich habe einen braven Krämer gekannt, der ein Verschwörer wurde (und noch dazu in einer Verschwörung, in der er sich halb zu Tode ängstigte) – nur weil er statt eines gewöhnlichen Mantels einen mauerfarbenen Umhang besaß.

In Florenz handelt es sich nicht um den äußeren Schein, wenigstens nicht in derselben Art; vielmehr dient hier der Schein dazu, sich zu verbergen. Man will nicht *dechiffriert* werden. Der Lombarde, der Lombardo-Venetianer wollen aus Freude am Exotischen für das genommen werden, was sie nicht sind; der Florentiner aus Patriotismus. Überall sonst versteckt man das Gewöhnliche; in der Toskana das Ungewöhnliche und Wesentliche.

Die Via Calzaioli ist abends, im Licht der Schaufenster, voll imaginärer Tragödien und cornelianischer Konflikte: ›Soll ich mir diese Schuhe kaufen, die mich unweigerlich *verraten werden*? Oder soll ich auch weiterhin das Geheimnis meiner schwarzen Seele bewahren?‹

Elise und ich haben etwas erlebt, das die allgemeine

Freude am Komplott *aller gegen alle* aufs lehrreichste erhellt. Wir waren nach Santa Croce gegangen. Dort fielen mir sogleich etwa hundert Frauen und Kinder auf, die sich hinten im Mittelschiff am Altar um irgendein Schauspiel versammelt hatten. Ich näherte mich und sah und hörte, daß jemand laut und mit lebhaften Gesten auf diese Versammlung einredete. Ich gehe selten in Kirchen, bin jedoch der Ansicht, daß in ihnen alle Heftigkeit sich mäßigen sollte. Dies war ein offensichtlicher Skandal. Wir waren in einem unglücklichen Augenblick gekommen.

Aber nein – im Gegenteil! Es handelte sich um einen Prediger, der seinen Schafen wegen ihrer Sünden ins Gewissen redete. Alle Frauen hatten tränenüberströmte Gesichter und litten wie unter heftigen Zahnschmerzen. Man sah, wie sie mit allen Kräften dem Schmerz widerstanden, bis sie ihm schließlich erlagen und sich wie Sabinerinnen von ihm entführen ließen. Die entsetzten Kinder klammerten sich an ihre Röcke.

Ich stieg auf eine Bank und konnte nun den Seelenräuber in ihrer Mitte erkennen: einen jungen Priester im Ornat. Ich konnte mir das Geschehene leicht ausmalen. Offenbar hatte er am Altar eine Messe gelesen und war nunmehr dabei, seine Predigt zu halten. Aber anstatt *ex cathedra* gegen den Bösen zu Felde zu ziehen, trat er ihm gleichsam mitten auf dem Jahrmarkt gegenüber und packte ihn wie ein Ringkämpfer am Kragen. Er war erstaunlich unverblümt. Seine hemmungslose Beredsamkeit verschonte keine der ihn umringenden Frauen. Ich selber errötete sogar unter seinen flammenden Worten und Gesten. Es war das erstemal in meinem Leben, daß ich einem öffentlichen

Ringkampf mit dem Dämon zusehen durfte. Der junge Priester sprang umher wie ein Boxer, indem er seinen Zuhörern zeigte, wie man die Hoch- und Tiefschläge der Versuchung parieren müsse – was die vielen Seufzer des schwachen und so völlig untrainierten Geschlechts einigermaßen begreiflich machte. Als Zuschauer dieses ungewohnten Schauspiels hatte ich sehr bald das Gefühl, durch weiteres Verweilen eine Indiskretion zu begehen.

Während der Ringkampf und der Hagel der mit lauter Stimme vorgebrachten Gassenworte fortdauerten, begaben wir uns in die Peruzzi-Kapelle, um uns die Giottofresken anzusehen. Es war dort sehr hell, so daß man alles, was es zu sehen gab, sehr deutlich sah; außerdem roch es dort höchst angenehm nach Vanille. Es war eine junge, sehr elegante Dame mit einem unter dem Halbschleier seidig schimmernden Gesicht, die diesen dankenswerten Duft ausströmte. Sie unterhielt sich ruhig, obschon unter lebhaftem Mienenspiel ihres intelligenten Gesichts, mit einem dicken, sorgfältig rasierten und gepuderten Geistlichen, der seine leibliche Erscheinung nachlässig über drei Viertel einer Bank ausbreitete. Es war eine – leicht karikierte – Illustration zu einer Novelle von Boccaccio. Als ich später meinen Florentiner Freunden diese Szene schilderte, fragten sie mich: ob nicht auch zwei Chorkinder zugegen waren. Ich erinnerte mich in der Tat an zwei kleine Knaben in Miniatursoutanen, die artig auf ihrer Bank saßen und den Plafond betrachteten. Man versicherte mir, dann sei alles in bester Ordnung, während ich ohne die beiden Chorkinder Zeuge einer allerdings höchst ungewöhnlichen Szene gewesen wäre.

Hinter einem Pfeiler von Santa Croce gelangt man durch eine Tür zu einem Verkaufsstand, wo handgearbeitete Lederwaren angeboten werden. Meine älteste Tochter hatte mich gebeten, ihr einen zusammenschiebbaren Regenschirm mit rotem Maroquinüberzug mitzubringen. Ein überaus zuvorkommender, obschon durch Kasteiungen arg abgemagerter Mönch zeigte mir verschiedene Modelle, die mir jedoch nicht gefielen. Drei Tage später traf ich denselben Mann in einem Luxusgeschäft der Via Tornabuoni wieder, aber bürgerlich gekleidet wie ich (nur sehr viel eleganter). An seiner Identität konnte ich nicht zweifeln, da er mir, ohne daß ich ein Wort gesagt hätte, den gewünschten Gegenstand vorlegte. Es war dasselbe ausgedörrte Gesicht, dieselbe Stimme, derselbe hagere sehnige Hühnerhals, der aber aus einem weichen, hinreißend resedagrünen Hemdkragen herauswuchs, um den eine orangerote Krawatte gewunden war, die ich mit offenem Munde anstaunte. Das Komische aber war, daß diese weltlichen Kinkerlitzchen ihm vortrefflich standen und seiner jansenistisch-strengen Erscheinung keinerlei Abbruch taten – eine seltsame Tatsache, die näher zu ergründen die Mühe lohnen würde.

Was den Verkäufer der zusammenschiebbaren Regenschirme betrifft, so hat man mir folgendes gesagt: ›Das ist kein Mönch, der sich als Bürger verkleidet, sondern ein Bürger, der sich als Mönch verkleidet. Er hat sich dies Asketengesicht durch ein Magenleiden verschafft, um dadurch sein Geschäft zu fördern. Die Krämpfe haben ihm die Züge eines Mannes verliehen, der diese materielle Welt verachtet, in der wir uns so unvorsichtig behagen.‹

Über den Arno habe ich lange Gespräche mit meinen Freunden geführt. Im Scherz hatte ich dem guten Geist, der die Talsperre beim Hippodrom in die Luft gehen ließe, fünfzig Lire versprochen. Dieser Vorschlag wurde als lächerlich abgelehnt. Ich verteidigte ihn als durchaus vernünftig. Im Val d'Arno, nach Incisa zu, ist der Arno ein entzückender Gießbach, der mit Poussin'scher Anmut dahineilt. Ich habe manche Stunde lesend unter einer Weide gesessen und mich an seinen lebhaften farbigen Wellen gefreut, die so munter zwischen den weißen Felsen herumspringen. Es war ein Genuß. Der kleine Strom hat Charakter – denselben Charakter wie die ganze Hügellandschaft, die sich nach Arezzo zu aufbaut. An gewissen Stellen befreit er sich ganz von Feldern und Büschen (wie eine Frau, die in der Wärme ihren Pelz ablegt) und fließt dann dürftig, aber quicklebendig über gelbe Tonschichten. Woanders spielt er – wie sich's gehört – mit Ruinen, Mühlen, alten Brücken und Gärten. Er ist ein Fluß – kein Zweifel! denn er fließt geradewegs ins Meer; aber er ist ein Fluß, so wie eine Katze ein Tiger ist. Er ist offenherzig; man sieht ihm bis auf den Grund; und wenn ich nach dem urteile, was klar zutage liegt, so ist es sein Hauptgeschäft, den Samen der Bäume, die die Hügel von Pergine und Castiglione krönen, mit sich zu führen und ihn längs seines Tales auszustreuen. Ich kenne keinen eifrigeren Pflanzer von Pappeln, Weiden, Zedern, Kiefern, Buchs- und Mispelbäumen. Wenn er sich freimacht von bloßen Worten und von geschichtlichen Erinnerungen, dann ist er ein Bach – und eben deshalb möchte ich, daß er auch als Bach durch Florenz fließt. Hier aber läßt man sich gern durch Worte blenden, und ich muß mich anstrengen, meine Geschichtskenntnisse zu vergessen. Denn man wünscht einen Fluß, der allem Rechnung trägt, was man sich bei den Worten Oltr'Arno denkt. Daher auch die Talsperre beim Hippodrom, die meinen Bach übertreibt und einen Kilometer lang einen ›falschen Fünfziger‹ aus ihm macht, der keine klare Auskunft über sich geben kann und in seiner honetten Umgebung ein Fremdling bleibt.

Man hat ihn mit hohen soliden Quaimauern ausgestattet, als handle es sich darum, den Mississippi in eigner Person zu bändigen; und zwischen diesen Kaimauern schläft das stagnierende Stauwasser. Man braucht nur nach Lung'Arno del Tempio zu gehen, oberhalb der letzten Brücke: dann sieht man den lustigen, durchtriebenen Bach, von dem ich erzählt habe, bäurisch und ehrlich daherkommen, sich zwischen strahlenden Bäumen aufschäumend durch die letzten Felsen hindurchschlängeln, um dann ebenso plötzlich wie kläglich zu sterben. Fortan ist es der Arno, so wie alle Welt ihn kennt und wie er an den Uffizien vorbeiströmt.

Man würde einen ganz andern Eindruck von der Stadt gewinnen, wenn ein klar und ungestüm durch seine Felsen und Bäume dahinströmender Gießbach sie durchquerte. Vor allem müßte die Landschaft, in die man flußauf vom Ponte Vecchio hineinblickt, mit ein paar Weiden und vor allem ein paar Pappeln – ein wenig verquer, wie nur der Arno sie zu pflanzen weiß – belebt werden; dann würden all die ehrwürdigen Steine dieser Stadt aufatmen.

Meine ganze Kritik hat jedoch einen Fehler: die

beanstandete Talsperre ist nicht modern. Man findet sie auf einem alten Stich aus dem Jahre 1490. Im Grunde bin ich hier, um mich mit Machiavelli und seiner intimen Korrespondenz zu beschäftigen. Auf allen Stichen, die mir unter die Hände kommen, finde ich meine Talsperre, die das Wasser des Arno zwischen den Quaimauern der Stadt aufstaut. Unterhalb der Sperre sieht man Männer, die mit einem Handnetz fischen und denen das Wasser bis zu den Knien geht; oberhalb aber schläft das stagnierende Wasser, genau wie heute, unter den vier damaligen Brücken. Ich habe den Eindruck, daß man das Wasser gestaut hat, um schöne Brücken bauen zu können.

Ich versuche mich zu unterrichten, indem ich in denjenigen Gegenden umherwandle, in die sich weder Ästheten noch Historiker verirren. Eigentlich müßte ich für meine Nachforschungen, die ja der Grund meines Hierseins sind, hinter Stößen von Dokumenten verschanzt in irgendeiner entlegenen Bibliothek sitzen. Ich ziehe es vor, mich in Läden, Cafés und Kneipen herumzutreiben und den modernen Menschen die Würmer aus der Nase zu ziehen. Die Leute ändern sich kaum in fünfhundert Jahren. Es bedarf eines sehr viel längeren Zeitraums, ehe sich die Art zu genießen und damit die Art zu leben wesentlich ändert. Die Leidenschaften sind zu allen Zeiten die gleichen. Die Erfahrung beweist, daß es mehr Zeit braucht, das Herz des Menschen zu ändern, als seine beiden Vorderbeine in Arme zu verwandeln. Ich habe beobachtet, daß die hiesigen Männer, die etwas darstellen wollen, meist prächtige Frisuren tragen. Die meisten sind jung: zwischen dreißig und vierzig, und sehen aus wie die Götter des Olymp, mit einem kleinen Einschlag Offenbach. Man hatte mich mit einem von ihnen bekannt gemacht, der mir verschiedene politische Informationen geben sollte. Man wolle deshalb keine finsteren Absichten bei mir vermuten; ich interessiere mich nicht für Politik – allenfalls für ihre dramatische Seite, zumal mein *Husar* in dem Buch, an dem ich gegenwärtig arbeite, eine Periode durchmacht, die in vielem unserer modernen Zeit ähnelt. Ich möchte einen sachlichen Einblick in den Mechanismus dieser Maschine gewinnen, ohne daß ich deshalb so naiv bin zu glauben, mehr von jener Persönlichkeit erfahren zu können als das, was ich auch in den Zeitungen lesen könnte. Ich wollte ihn kennenlernen, um mit eigenen Augen den Mechanismus jener *Maschine* an ihm selber zu beobachten. Schließlich bin ich alt genug, um ganz allein das Ineinandergreifen der Zahnräder herauszufinden.

Mein Gesprächspartner (denn bei dem sich nun sogleich entwickelnden Dialog bleibe ich nicht etwa stumm) ist bekannt dafür, daß er von seinem privilegierten Platze aus die gesamten Intrigen der Rechten wie der Linken übersieht und durchschaut. Podestaten und Könige der Straße haben kein Geheimnis vor ihm. Die Buondelmonti, Amidei, Uberti und Medici unserer Jahrhundertmitte, die Guelfen und Ghibellinen des Atomzeitalters – er kennt sie alle und führt sie an der Nase herum. Er ist eine Macht, genauer ein ›Schrekken‹. Meine italienischen Vorfahren veranlassen mich, es ihm zu sagen. Leicht beunruhigt richtet er sich auf und weiß drei Minuten lang nicht ganz, was er erwidern soll. Er ist sogar naiv genug, mir zu sagen:

»Reden wir *offen* miteinander.« Aber er faßt sich rasch und zeigt auf zwanzig oder dreißig moderne Häuserfassaden, hinter denen gleichzeitig englische *Fünf-Uhr-Tees* arrangiert und die Florentiner regiert werden.

Während er spricht, beobachte ich ihn. Sein Anzug ist aus dem allerbesten Stoff und repräsentiert etwa dreißig Arbeitstage am Fließband einer Fabrik. Er trägt Schmuck, der zugleich weibisch und übertrieben männlich wirkt und ihm das Aussehen eines Postkutschenräubers gibt. Das ist seine banale Seite; seine Frisur hingegen ist außergewöhnlich. In das dichte, aus lauter kleinen zusammengerollten Locken bestehende und von einer zähen Glanzpomade zusammengehaltene Haupthaar hat der Kamm kunstvoll Quadrate und Rhomben eingezeichnet, die entschieden äquatorialafrikanisch wirken.

Nach beendigten Geschäften bin ich zu *dem* Friseur von Florenz gegangen. Meine struppigen Haare, die mir für gewöhnlich über den Kragen wachsen und meine diesbezügliche Gleichgültigkeit anprangern, hätten mir sicher den Zutritt zu diesem Heiligtum versperrt, wenn man nicht durch eine telephonische Empfehlung auf mich vorbereitet gewesen wäre. Ich glaubte – irrtümlich – den Künstler verblüffen zu können, indem ich eine einfache ›Bürste‹ verlangte. Statt dessen erklärte er mir ganz unbefangen eine Menge wissenswerter Dinge, unter anderm: daß die ›Bürste‹ von Leuten bevorzugt würde, die *Mumm in den Knochen* hätten, mit andern Worten, von Gangstern. Da es in Italien überall, selbst in Florenz, ein wenig Ariost gibt, zeigt mein Figaro sofort das größte Interesse für meinen Kopf (wohlverstanden für sein

Inneres). Die Komödie beginnt. Er tastet sich vor, um zu wissen, wie er die Unterhaltung einfädeln soll, und sondiert vorsichtig das Terrain. Meine Unbefangenheit beruhigt ihn. Er hat größte Achtung vor mir, weil ich ihm zu vieles – und dieses zu offen – sage; woraus er schließt, daß ich ein bedeutender Mann bin und mich der Wahrheit nur als einer Maske bediene.

Immerhin hält man die ›Bürste‹ für eine Unvorsichtigkeit; und wenn ich nicht so naiv die Wahrheit sagte und über Dinge, die niemand wissen darf, so offene Fragen stellte, würde man mich für wirklich naiv halten. Wer diese Haartracht wählt, verpflichtet sich dadurch zu einer gewissen Geschicklichkeit. Er wird von vornherein so eingeschätzt. Das genügt meinem mäßigen Ehrgeiz. Die verschiedenen Sessel stehen jeweils drei Meter weit auseinander, damit man unbehelligt flüstern kann; sie sind besetzt von Herren, die man auf ›afrikanisch‹ frisiert. Alle sind bis an die Füße in weiße Mäntel gehüllt. Ich sehe nur die Köpfe, die eine stattliche Porträtgalerie für Herrn Sismondis ›Geschichte‹ bilden würden.

Später wollte ich gewöhnlichere Friseure kennenlernen, stellte mich aber ungeschickt dabei an. Es war ein Tag, an dem sämtliche Läden geschlossen waren. Ich hatte mir absichtlich einen vier Tage alten Bart stehen lassen, und mein elektrischer Rasierapparat funktionierte nicht. Der Hotelportier riet mir, zum ›Albergo diurno‹ zu gehen – ein Unternehmen, das für solche Bedürfnisse eingerichtet ist und sich in einem Souterrain der Via Tornabuoni oder der Via Vecchietti befindet. Es gibt dort auch Wasserklosetts; man sollte meinen, das wäre alles, aber weit gefehlt. Man kann dort eine Dusche oder ein Bad nehmen, kann sich massieren lassen, in einem Bett oder in einem Sessel schlafen, zu jeder Tages- oder Nachtzeit. Man kann auch an jedem beliebigen Tag für ein paar Stunden oder selbst für achtundvierzig Stunden ein kommerzielles Büro mieten mitsamt dem Personal: Laufbursche, Schreibfräulein usw. Man muß nur genau wissen, was man möchte. Dann besorgt man sich die verschiedenen Billette. Die Schreibfräuleins zum Beispiel warten in einem kleinen Zimmer auf den Kunden. Man zeigt sein Billett vor, und die dort angegebene Nummer folgt einem. Sie setzt sich an eine Schreibmaschine (für die man ebenfalls ein Billett genommen hat), und man diktiert seine Korrespondenz, Rundschreiben, anonyme Briefe, Denunziationen und Preistabellen. Es gibt sogar Buchhalter. Man kann Tabak kaufen, Bücher, Zeitungen, Teegebäck und noch eine ganze Reihe anderer Dinge, die, wie einem gewisse Blicke der Verkäufer oder der Verkäuferinnen zu verstehen geben, nur unter der Hand verkauft werden. Die unterirdische Lage des Unternehmens gibt ihm einen verdächtigen Anstrich. Man erwartet, zur Teilnahme an einer schwarzen Messe aufgefordert zu werden.

In Florenz wartet und erwartet man ständig zu viel. Ich nahm mir ein Frisierbillett und begab mich an den dieser feierlichen Handlung vorbehaltenen Ort der Höhle. Die künstlerischen Wandmalereien feiern die Vorzüge eines gewissen Apéritifs unter dem Zeichen des Zebras. Die Sessel sind von Schläfern besetzt, die, wenn ich auch noch so vorsichtig an ihnen vorbeischleiche, ein Auge öffnen und es dann wieder schließen. Ich bin nicht derjenige, auf den sie warten.

Hier werden nur populäre Frisuren angefertigt, ohne alles Raffinement. Wie überall schlägt man mir auch hier vor, ›hinten ziemlich viel und an den Schläfen nur wenig wegzunehmen‹. Ich überlege. Es ist der Haarschnitt des Herrn Molotow; aber das behalte ich vorsorglich für mich.

Neben mir hat ein Chauffeur Platz genommen. Er hat seine elegante Uniform anbehalten und die Mütze eines Fliegergenerals an den Kleiderständer gehängt. Er beginnt eine Unterhaltung mit seinem Figaro. Er kommt aus Rom, über Assisi, Perugia, Arezzo. Er spielt den Pariser; das heißt, er erklärt, Florenz sei ein Dorf und in allem schrecklich zurück. Am meisten beunruhigt ihn der Fußballsport, obwohl am Sonntag gespielt wird; denn das Wetter sieht sehr nach Regen aus. Er läßt sich sein Haar in Wellen legen, die er aber als unzulänglich wieder vertilgen läßt. Er setzt dem Friseur auseinander, daß die Wellenbewegung seiner langen, blauschwarzen Haare genau von jener imaginären, in Verlängerung des Nasenrückens zu ziehenden Scheitellinie ausgehen müsse, um dann nach dem Nacken hin zu verebben. Schließlich findet er die endgültige Formel: ›als sei ihm der Wind durch die Haare gefahren‹.

Der Künstler, der sich mit mir beschäftigt, ist gar nicht zufrieden. Er sieht ein, daß ich mir keine Wellen werde legen lassen – was ich nebenbei, auch wenn ich's wollte, gar nicht könnte. Es verstimmt ihn sichtlich, daß wir nicht auch zusammen eine Formel finden. Er läßt seine Schere höchst ausdrucksvoll klappern: sie fragt, sie fordert heraus, sie will meine Antwort erzwingen. Ich bleibe ungerührt. Die leise gereizte Stimme ist voll kindlicher, verzweifelter Entrüstung.

Inzwischen ist der Chauffeur fertig onduliert worden. Er richtet sich auf: ein entschieden hübscher Bursche, der mit seinem ›auf Stromlinie‹ frisierten Kopf wie eine Atalante aussieht. Sein Künstler schmeichelt ihm, bürstet ihn ab und nimmt in tiefer Unterwürfigkeit das Trinkgeld entgegen. Meine Schere ist verstummt. Von der Seite sehe ich sie weitgeöffnet neben meinem Ohr lauern.

»O nein!« rufen beide Haarkünstler, als der Chauffeur nach seiner Generalsmütze greift.

»Nein«, erwidert ruhig der Chauffeur, verzieht ein wenig den Mund, macht eine lustige Bemerkung zur Kassiererin und verläßt, die Haare frei dem Winde bietend, den Laden.

Ich wurde dann › auf die schnelle Tour‹ erledigt. Das Volk hier hat einen entschiedenen Sinn für Komik. Und eigentlich sollte man sich das immer vor Augen halten, wenn man Machiavelli liest. Er hat den größten Spaß an Possen, und selbst seine trockensten Prinzipien haben sozusagen stets eine Hof- und eine Gartenseite.

Als ich ins Hotel zurückging, war Florenz wie ausgestorben. Abends machen sogar die Arkaden der Post einen superitalienischen Eindruck. Auf der Piazza della Signoria blies ein eisiger Wind, der sich mit einbrechender Dunkelheit erhoben hatte. Ich machte einen kleinen Spaziergang durch die Stadt, die mir schöner als je erschien. Leer und mit brennenden Laternen hat sie eine unvergleichliche Vornehmheit. Man begreift, was Machiavelli mit seinem *Principe* hat sagen wollen und was, nebenbei, für jeden Florentiner, für den nächsten besten Kneipwirt an der Ecke und auch für mich selber gilt (wenn ich Florentiner wäre). In dieser Hinsicht ist er nicht etwa demokratisch, sondern eher modern zu nennen: einer Zeit zugehörig, die keine Erbschaft, kein Königtum, keine Vermögen, ja nicht einmal eine soziale Existenzberechtigung kennt. In diesem Lichte sind seine Prinzipien nicht etwa grausam, wie die Heuchler behaupten, sondern einfach Aussprüche des gesunden Menschenverstandes. Auch darin ist er modern, daß man mit ihm Zeit erspart, während man sie mit Johann dem Guten verlieren würde. *Time is money* – das könnte beinah er gesagt haben.

Auf dem Lung' Arno degli Arbeletrieri ist nicht eine Katze zu sehen; und dabei ist es erst sieben Uhr. Machiavelli ist sicher diesen Quai entlang gewandert. Es gibt im Jahr zwei bis drei historische Tage und, sagen wir, fünf bis sechs in aufgeregten Zeitläufen – das ist alles; für den Rest des Jahres, das heißt für mehr als dreihundert Tage, fließt das Leben geschichtslos dahin und kennt nur das eine und meiner Ansicht nach wichtigste Problem: glücklich zu sein. Was bringt die Eroberung Pisas unserm Niccolò ein? Zwanzig Goldstücke und endlose Scherereien. Mich interessiert dabei: wann und wie wird Machiavelli seine zwanzig Zechinen ausgeben, um soviel Vergnügen wie nur möglich dafür einzuhandeln? Da erst lernt man ihn wirklich kennen.

Hat jemand einmal historische Worte gesagt, so tut er fortan nichts anderes mehr. Aber er hat sicher auch gesagt ›ich liebe dich‹, ›ich hab's satt‹, ›ich habe Leibschmerzen‹, ›der Kopf tut mir weh‹, ›dieser Kerl ist ein Schuft‹, ›wenn ich doch tausend Taler hätte‹ usw. Man sieht Bayard* nie anders als sterbend am Fuß einer Eiche und im Begriff, dem Connétable Vorwürfe zu machen. Aber ehe er am Fuß dieser Eiche anlangte, hat Monsieur Bayard gelebt – und das war für ihn die Hauptsache. Auch für uns ist das sein wichtigster Aspekt, falls wir uns für ihn interessieren. Nur so konnte er der Bayard werden, den wir kennen.

Was Machiavelli am Schluß des *Principe* über Italien sagt und was man ständig voll Bewunderung wiederholt: daß man es von den Barbaren befreien müsse, läßt mich völlig kalt. Gewiß, er hat's gesagt; aber er hat auch viele andere Dinge gesagt und hat noch kein Tausendstel aufgeschrieben von dem, was er gesagt und gedacht hat und woraus seine Worte und seine Gedanken entsprungen sind. Ihn sich ständig mit geballten Fäusten vorzustellen, weil es Barbaren gab, ist ein wenig zu simpel oder zu schlau. In Wirklichkeit ließ er mit Vergnügen eine solche Formel im Stich, um dem Glück aufzulauern. Die Universitäten konstruieren nachträglich lauter künstliche Charaktere, um die Euklidische Geometrie an ihnen zu demonstrieren. Man vergißt, daß es Machiavelli zur Zeit Machiavellis gar nicht gab. Man hat ihn erst hinterher erschaffen. Außerdem hat er nur das gesagt, was damals in der Luft lag. Vielleicht hat er aber einmal seine Schuhe bei einem gescheiten Schuster (wie es sie zu allen Zeiten gibt) besohlen lassen oder hat mit einem

* *Pierre Terrail Seigneur de Bayard (1476–1524), französ. Heerführer in den italienischen Kriegen.* *Anm. d. Verl.*

verständigen Krämer vor dessen Haustür ein wenig geplaudert; und vielleicht waren es zuerst diese Leute, die ihn auf seinen Weg gebracht haben. Entdeckte nun ein Professor heute diesen Schuster und diesen Krämer, dann gäbe es fortan zwei neue große Männer in der Welt und dazu eine endlose Reihe von Doktorarbeiten.

Das gleiche gilt für Florenz und Venedig, überhaupt für Italien und für unsere ganze Epoche. Von allen Seiten werden wir von Ungetümen bedroht. Ich hätte wirklich gern mit meinem Chauffeur darüber gesprochen, als er die imaginäre Linie zu bezeichnen suchte, die seinen Nasenrücken verlängerte. Ich glaube, er hätte mich zum Kuckuck geschickt.

Ich bin noch einmal und zum letztenmal in die Uffizien gegangen. Am Ende der Galerie stieß ich auf ein winziges Kabinett, wo gerade zwei kleine ›Chardins‹ gereinigt werden sollten: ein Knaben- und ein Mädchenkopf. In glücklichster Versunkenheit blieb ich vor ihnen stehen, bis der Restaurator, der offenbar weggegangen war, um einen Schluck Wein zu trinken, wieder zurückkam.

Jean Giono

Jean Giono wurde 1895 in Manosque geboren und starb 1970 in seinem Geburtsort in der Provence. Er war ein scharfer Gegner der modernen Zivilisation und Technisierung und pries in seinen Romanen die Einheit von Menschlichem und Kreatürlichem, das erdverbundene Leben der Hirten, Bauern und Handwerker in seiner Heimat. Wegen seiner konsequent pazifistischen Haltung während der deutschen Besatzung wurde Giono der Kollaboration verdächtigt und hatte von 1944 bis 1947 Publikationsverbot, wurde jedoch später rehabilitiert und 1954 in die Académie Goncourt gewählt.

Der Berg der Stummen
Roman. Band 5393

Die Geburt der Odyssee
Roman. Band 5376

In Italien um glücklich zu sein
Ein Reisebuch. Band 5493

Das Lied der Welt
Roman. Band 5315

Vom wahren Reichtum
Roman. Band 5974

Fischer Taschenbuch Verlag

fi 166 / 4